BEYOND DMZ

비무장지대를 넘는 길

Beyond the DMZ

BEYOND DMZ
비무장지대를 넘는 길

라인강에서 출발하는
분단과 통일의 역사, 문화, 생태 기행

김규현 · 김재한 지음

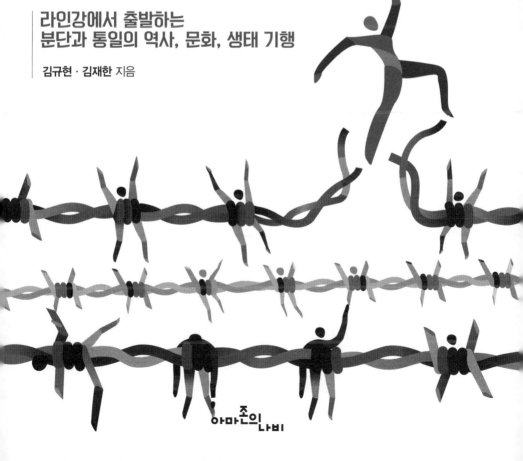

아마존의
나비

BEYOND DMZ

비무장지대를 넘는 길

라인강에서 출발하는 분단과 통일의 역사, 문화, 생태 기행

펴낸날 2015년 9월 15일

지은이 김규현 김재한   **만들어 펴낸이** 오성준   **펴낸곳** 아마존의 나비
본문디자인 Moon & Park   **표지디자인** 디자인콤마   **인쇄** 이산문화사
출판등록 제25100-2015-000037호   **주소** 서울시 서대문구 연희로 77-12, 505호(연희동, 영화빌딩)
전화 02-3144-3871, 3872   **팩스** 02-3144-3870   **웹사이트** info@chaosbook.co.kr
ISBN 979-11-954108-6-6 03300

정가 15,000원

아마존의 나비는 카오스북의 임프린트입니다.

서문

통일! 대한민국 사람이면 태어나자마자 죽을 때까지 듣는 말이다. '우리의 소원은 통일'이기 때문에 통일은 어떤 희생을 치르더라도 반드시 추구해야 할 것으로 생각하는 사람도 있고, 그렇지 않은 사람도 있다. 진정한 통일을 위해서는 서로 다른 생각을 녹여보는 것도 필요하고 또 한민족의 특수한 사정뿐 아니라 분단과 통일에 관한 보편적 원리에 대해서도 알아야 한다.

독일은 통일의 선례先例로 자주 거론되고 있는 나라다. 한반도에서 거의 지구 반대편에 있지만 유라시아대륙을 통해 한반도와 연결될 수도 있는 나라다. 독일 사례는 한반도 통일 논의에 있어 매우 유용하다. 그런데 서독이 이렇게 했다 하면서 남한도 무조건 그렇게 해야 한다는 주장, 또 독일과 한반도는 다르니 독일 방식을 따라서는 절대 아니 된다는 주장 등이 자주 제기된다. 한반도에 그대로 적용될 수 있는 사례도 있고 전혀 그렇지 않은 사례도 있다. 그냥 독일 경우가 어떠했다는 점보다 그 전후의 인과관계가 어떠했다는 면이 한반도 통일에 더 귀중한 정보다. 독일과 한반도를 하나하나 비교해볼 필요가 있다는 의미다.

필자들은 여러 차례 분단 지역을 답사했다. 한반도 분단 지역의 방문만도 수백 차례가 될 터인데, 현장에서 복무하는 군인들은 늘 바뀌어 있음에도 현장은 변한 게 별로 없다. 말 그대로 "산천은 의구하되 인걸은 간 데 없다." 남북관계 또한 예전이나 지금이나 별 변화가 없다. 이에 비해 독일의 과거와 현재는 매우 다르다. 멈춘 지 오래인 한반도 통일의 시계를 가게 하기 위해서는 태엽을 감든 지 건전지를 교체해야 한다.

통일문제는 오래 논의된 만큼 고리타분한 주제가 되어 있다. 흥미가 가미될 필요가 있다. 더구나 공유되지 못하고 극단적으로 대립되는 통일 담론이 종종 관찰된다. 그만큼 통일·북한문제는 한국 사회 갈등의 한 축이다. 객관적으로 논의되어야 한다.

현장 중심의 논의는 흥미와 객관성을 제고시킬 수 있다. 흥미를 위해 현장 스토리텔링story telling식의 서술을 염두에 두었다. 다만 현장의 소감을 막상 글로 옮기려다보니 사회과학적 논문을 쓸 때처럼 글 내용의 근거가 무엇이며 과연 확실하냐는 자문自問을 많이 하게 되었다.

근거가 불확실한 스토리는 자칫 남남갈등을 증폭시킬 수 있다는 생각이 든다. 실제 남남갈등은 객관적 사실보다 주관적 해석에 치중했을 때 심화되기도 한다. 스토리텔링보다는 좀 더 객관적인 히스토리텔링history telling이 되어야 한다.

미래뿐 아니라 불확실한 과거를 들여다보면 상상력이 발동하게 된다. 이 책은 그런 상상적 서술을 지양하고 대신에 가급적 사실에 기초해 서술하려 했다. 주관적 해석이 들어가더라도 체계적이고 일관적이도록 노력했다. 문학적 상상력이 풍부한 표현은 소설, 드라마, 영화 등 그쪽 분야 전문가들에게 미룰 수밖에 없는 듯하다.

그럼에도 가급적 쉽게 풀어쓰려 했다. 좋은 설명은 현장을 잘 볼 수 있도록 관련 정보를 제공하는 것이다. 아는 만큼 보인다는 언급은 이 책이 재미없다고 생각할 독자들을 너무 폄하하는 것일까?

필자의 문장력 한계도 솔직히 인정한다.

책은 독일의 현장 사진과 한반도의 현장 사진을 병렬하면서 분단과 통일의 이야기를 전개한다. 어쩌면 유라시아대륙의 동북 끝과 서북 끝의 두 현장을 억지로 갖다 붙였다고 생각할 수도 있겠으나, 최종적인 판단은 끝까지 읽어본 후 내렸으면 한다.

이미 통일이 된 독일의 현장 촬영에는 제약이 없었으나 한반도 분단의 현장은 촬영과 공개에 많은 어려움이 있다. 저작권과 군사 안보적인 이유에서 더 생생한 사진을 보여주지 못해 아쉽다.

독일 현장방문을 준비하게 된 계기는 2011년 프리드리히 에버트 재단의 독일 초청이었다. 그런데 실제 에버트 재단 초청을 이행하지 못했다. 김재한의 근무지 사정으로 에버트 재단이 요구한 최소 3개월 이상의 독일 체류가 불가능하게 되었기 때문이다. 그래서 아쉽게도 에버트 재단의 초청을 반환했다. 독일인의 원칙준수 태도를 실감하면서 '바로 이것이 통일의 저력이 아닐까'라는 생각까지 들었다.

그렇지만 오랜 기간 준비한 독일 현장 조사를 포기할 수는 없었다. 필자들은 독일에서 자동차를 빌려 과거 동서독 분단선 그리고 베를린장벽을 함께 샅샅이 조사했다. 남북한을 가르는 비무장지대 인근지역도 함께 답사했다. 이 책은 그런 현장 답사의 결과물이다. 현장조사는 한국연구재단의 지원(휴전완충지대의 성립요인과 효과에 관한 연구)으로 수행하였다.

정전협정이 체결된 지 만 62년이 되는
2015년 7월 27일에
김재한

차례

이름 모를 비목이여!   63
_ 분단의 슬픈 자화상

물은 유유히 흐르고 날것들은 자유로운데   173
_ 통일과 화합의 길

1

역사는 반복되는가
분단과 통일의 전사(前史)

—

라인강 고성
vs
임진강~염하 유적
- 옛 통일의 회상

독일의 역사에서 최초의 통일은 언제일까? 흔히 1871년 프로이센의 독일 통일을 말한다. 그런데 1871년부터 1918년까지의 통일독일제국Deutsches Reich은 제2제국으로 불린다. 제2가 있으면 제1이 있다는 의미다. 제1독일제국은 962년 오토 1세부터 1806년 프란츠 2세까지의 신성로마제국Holy Roman Empire이다.

물론 신성로마제국은 신성하지 않았고 로마와 관련이 없었으며 실제로 존재한 제국이 아니었고 기껏해야 13세기 공식문서에서나 언급되고 있을 뿐이라는 주장도 있다. 중세시대는 힘이 있으면 민족 동질성과 관계없이 세력을 팽창하여 통합했고 또 황제의 권한이 전체 영토에 미치지 못했기 때문에 독일의 제1제국은 오늘날 통일국가와는 달랐다.

그렇지만 신성로마제국이 중세적 기준의 통일제국으로 작동한 것도 사실이다. 주변 강대국들이 민족주의로 몸집을 키우던 근대시절, 독일인들은 자신들도 중세시대 하나의 통일제국으로 존재했다고 믿었다. 따라서 통일독일의 회상은 신성로마제국으로 거슬러 올라간다.

신성로마제국은 라인Rhein강을 중심으로 형성되었다. 라인강은 스위스의 산에서 시작하여 독일과 네덜란드를 거쳐 북해로 가는 유럽의 긴 강이다. 뤼데스하임Rüdesheim에서 코블렌츠Koblenz까지의 약 65km의 라인 계곡은 2002년 유네스코 세계문화유산으로 등록되었다.

라인강 유람선 가운데 가장 일반적인 노선은 마인츠Mainz에서 출발하여 쾰른으로 가는 KD사Köln-Düsseldorfer Deutsche Rhein-schiffahrt의 유람선이다. 라인강 물길이 꺾이는 곳이 그 유명한 로렐라이Lorelei이다.

로렐라이 이야기는 다양한 장르에서 다양한 내용으로 전해 내려오고 있다. 연인에게 배신당한 소녀가 로렐라이언덕에서 떨어져 죽은 후 괴물이 되어 뱃사람들을 파멸로 이끈다거나, 뱃사람들이 요정의 노래에 취해 배가 암초에 부딪쳐 난파한다는 등 유사하면서 조금씩 다른 이야기들이 여러 작가의 작품으로 내려오고 있다.

_로렐라이 상

특히 민요풍의 가곡 로렐라이는 유대인 하이네의 시를 질허Philipp Silcher가 작곡한 것인데, 반反유대정책을 펼친 나치는 작가 미상으로 선전하기도 했다.

로렐라이언덕과 라인강 계곡을 따라 축성된 고성古城들은 제1차 세계대전 직후 이 지역이 비무장지대DMZ로 설정되어서 그런지 한반도 비무장지대를 따라 축성된 초소들과 그 모습이 유사한데, 각기 설화들이 전해져 내려오고 있다.

신성로마제국 이전이나 대공위시대大空位時代; Great Interregnum에 축조되거나 활용된 고성에 관한 설화 내용은 주로 약탈과 혼란이다. 라인강변에 성들이 많은 이유는 현지의 권력자들이 통행세를 받기 위해서였다. 빙엔Bingen 마을 앞의 라인강변 쥐탑Mauseturm의 전설은 다음과 같다. 신성로마제국이 완성되기 직전 10세기 마인츠대주교Archbishop of Mainz 하토 2세Hatto II는 지나가는 배들이 통행세를

_ 라인강변 쥐탑(왼쪽) | 라인강변의 라인슈타인성(오른쪽)

내지 않으면 화살을 쏘아 통행을 막았다. 이렇게 거둬들인 세금으로 비축한 식량은 기근이 들면 높은 값으로 판매하였는데, 어느 해이에 불만을 품은 농민들이 폭동을 일으키자 하토 대주교는 음식을 준다고 속여 농민들을 창고에 모이게 한 후, 모인 농민을 곡식이나 축내는 쥐새끼라고 비하하면서 불태워 죽였다. 그 후 대주교 저택으로 쥐떼가 들이닥쳐 대주교가 라인강의 탑으로 도망갔지만 쥐떼가 쫓아가 대주교를 잡아먹었다. 그 후부터 이 탑이 쥐탑으로 불리어졌다고 한다.

라인강변의 라이헨슈타인성Burg Reichenstein과 라인슈타인 Rheinstein성에도 재미있지만 끔찍한 이야기가 전해 내려온다.

약 20여 년간 신성로마제국의 황제가 선출되지 못하던 13세기 중반 대공위시대엔 영주의 횡포에 대한 황제의 견제가 없었다. 1270년대 합스부르크왕가의 루돌프 1세가 대공위시대를 끝내고 황

_ 라인강의 팔츠그라펜슈타인성

제로 선출됨으로써 지방영주에 대한 견제가 비로소 작동했다. 루돌프 1세는 약탈을 일삼는 라이헨슈타인성의 성주 호헨펠스Philipp von Hohenfels를 사로잡았다. 자식들을 살려달라는 성주의 부탁에 황제는 자식들을 도열시켜 목이 잘린 후 걸어간 만큼의 자식을 살려주겠다고 하였다. 이에 참수를 당한 성주가 9번째 아들까지 걸어가 쓰러졌다는 전설이 전해 내려온다. 근처의 라인슈타인성이 루돌프 황제의 본거지였다.

라이헨슈타인성은 현재 호텔로 이용되고 있다. 이외에도 라인강에는 호텔이나 유스호스텔로 이용되고 있는 고성들이 여럿 있다. 물론 시설에 비해 가격은 비싼 편이다.

착취는 지방영주만의 몫이 아니었다. 황제에 의해서도 자행되었다. 14세기 신성로마황제 루드비히Ludwig는 라인강 한가운데 있는 작은 섬에 팔츠그라펜슈타인성Burg Pfalzgrafenstein, 줄여서 팔츠성이라고 하는 구조물을 축성하여 통행세를 징수했다. 팔츠성의 위치와 모습에서 지나가는 선박으로부터 통행세를 징수하기 위해 축성되었음을 한눈에 알 수 있다.

신성로마제국의 정치력은 독일 30년전쟁(1618~1648)을 종식시키는 베스트팔렌Westfalen조약으로 소멸되었다. 그 이후 근대국가 체제가 태동하였다. 중앙집권과 지방분권은 어떤 방식이 백성을 덜 착취하느냐에 따라 선택되어지는 경향이 있다. 마찬가지로 통일 여부도 장기적으론 어떤 방식이 실제 주민들에게 더 좋으냐에 의해 결정될 것이다.

_ 전곡리 선사박물관(왼쪽) | 아슐리언형 주먹도끼(오른쪽)

※ ※ ※

　이제 한반도 임진강을 둘러보자. 임진강에 한탄강이 합류하는 유역에 선사유적지가 있다. 전곡읍 전곡리 선사유적지이다. 다른 유적지와 마찬가지로 인간이 살 만한 하천 유역에서 유적지가 발견되었다. 전곡리 선사유적지는 1978년 주한미군 장병이 관련 석기를 처음 발견하여 한국 고고학계에 전달함으로써 발굴되었다. 여러 차례 발굴조사가 이루어져 3천 점 이상의 석기가 출토되었다.

　전곡리에서 발굴된 아슐리언형Acheulean-like 주먹도끼hand axe들은 석기문화를 주먹도끼의 아프리카/유럽 석기문화와 찍개문화의 동아시아 석기문화로 구분하는 모비우스Movius 학설을 뒤집는 의미 있는 유물이다. 주먹도끼는 이후 동아시아 다른 지역에서도 발굴되었다.

　한반도 통일제국의 대표적 현장은 임진강 유역이다. 삼국시대의 고구려, 백제, 신라가 임진강 유역에서 각축을 벌인 흔적과 통일

_ 임진강변의 당포성벽(위) | 숭의전에서 내려다 보는 임진강(가운데) | 임진강변의
호로고루성터(아래)

신라 및 고려의 유적이 발견되는 곳이다. 임진강에서 옛 성곽들을
찾아볼 수는 없지만 옛 성터들은 여럿 발견된다.

임진강 북안에 호로고루瓠蘆古壘, 은대리성, 당포성, 덕진산성
등이 있었다. 그 가운데 호로고루와 당포성은 석성石城이고 은대리
성은 토성土城이었다. 특히 호로고루는 물길이 낮아 배 없이 도하할
수 있는 곳에 위치한 오래된 보루이다. 삼국시대 때 고구려와 백제
가, 또 고구려와 신라가, 또 신라와 당나라가 치열하게 싸운 기록이
있는 곳이다.

임진강에는 후삼국을 통일한 고려의 흔적도 있다. 임진강변의
아미산 자락에는 숭의전 터가 있다. 숭의전은 1397년 조선 태조가
고려 태조를 비롯한 여러 고려왕들의 제사를 지내게 한, 왕씨고려

_ DMZ에 인접한 신라 경순왕릉(왼쪽) | 덕진산성에서 바라본 통일대교(오른쪽)

의 종묘라고 할 수 있다.

　임진강 고랑포 나루터 뒤편의 DMZ비무장지대 남방한계선에는 마지막 신라왕 경순敬順왕의 무덤이 있다. 경상도 경주가 아닌, 경기도 연천에 신라왕 무덤이 있는 것이다. 왕릉은 삼국사기에 기록되지 않아 알려지지 않다가 조선시대에 묘비가 발견됨으로써 알려지게 되었다. 비석에 난 총탄자국은 6.25전쟁 때의 것으로 추정된다. 경순왕은 후백제 견훤의 경주 침공 때 경애왕이 사망한 후 즉위한 마지막 신라왕이다. 경순왕은 자신의 장자인 마의태자麻衣太子 등의 반대에도 불구하고 고려에 귀부歸附하여 왕건의 딸 낙랑공주를 아내로 맞이하였다. 경주를 식읍食邑으로 받고 경주 사심관을 지냈다. 판문점 근처의 도라산都羅山 명칭은 경순왕이 신라羅 도都읍을 그리워한 데에서 유래했다고 전해지고 있다. 임진강에도 유람선이 운행되고 있다. 황포돛대 유람선인데 상류와 하류를 자유롭게 운항하지는 못한다.

　임진강이 한강 그리고 강화해협과 만나는 한강하구는 고구려,

_ 오두산성에서 바라본 임진강과 북한마을(왼쪽) | 강화 연미정(오른쪽)

백제, 신라가 한반도 패권 쟁탈전을 벌였던 곳이다. 4세기 말 고구려 광개토왕이 바다로 둘러싸이고 사면四面이 험했다는 백제 관미關彌성을 함락했는데, 그 관미성을 오늘날 오두산전망대가 있는 오두산으로 보는 해석도 있고 또 강화도로 보는 해석도 있다.

강화도는 고려시대 몽골의 침략으로 고종 19년(1232년)부터 46년(1259년)까지 27년간 천도遷都한 곳이고 또 병자호란 때 청에게 함락(1637년)된 곳이다. 프랑스의 병인양요(1866년), 미국의 신미양요(1871년), 일본 운양호의 초지진 공격(1875년), 강화도조약 체결(1876년) 등 한반도 역사에서 매우 중요한 사건들의 현장이었다.

강화도에서 제일 높은 마니산(469m)에는 단군신화의 참성단이 있다. 궁예와 마찬가지로 단군도 하나의 민족이라는 상징으로 기능할지 모르겠다.

임진강이 한강과 합류하는 하구를 조금 지나면 강화해협을 만난다. 세 갈래 물길이 제비꼬리처럼 합류한다고 해서 이름 붙여진 연미정燕尾亭 정자가 강화해협을 마주하고 있다. 1627년 이곳에서 조선은 후금과 정묘호란 강화조약講和條約을 맺었다. 김정호의 대동지지大東地志에서는 강화해협을 강으로 표현했지만 대부분은 해협으로 부른다. 염하鹽河라는 표현은 글자 그대로 짠 강물이라는 뜻이다.

염하의 길목에 문수산성이 있다. 문수산(376m)은 김포의 금강산으로 불리는데 가을엔 단풍이 아름답다. 문수산에서 내려다 본 강화도의 지세가 물을 무서워하는 몽골군을 주눅 들게 하였기 때문에 몽골군이 강화도를 점령하지 못했다는 해석도 있다.

문수산성은 문수산 정상에서 능선을 따라 축조한 성이다. 문수산성은 김포에 있기 때문에 강화로부터의 김포 침입을 방어하기 위한 목적으로 생각하기 쉽지만, 김포를 공격하려면 강화도 말고도 다른 루트가 있기 때문에 굳이 문수산성을 축조할 이유가 없다. 문수산성은 반대로 김포로부터의 강화도 침입을 방어하기 위한 목적에서 조성되었다. 특히 강화도 방어에 필요한 통진김포 갑곶나루의 방어를 위한 것이었다.

문수산성의 모양을 보면, 남단인 강화교에서 시작하여 문수산 정상까지 치달아서 다시 바닷가 쪽으로 내려오는데, 바다 쪽을 대상으로 축조한 것이 아니라 반대로 바다 쪽으로 나오는 적을 막기 위한 구조임을 알 수 있다. 1627년 정묘호란 때 인조는 강화도로 피신할 수 있었지만, 1636년 병자호란 때에는 강화도로 피신하지 못하고 남한산성에 머물렀다. 1637년 강화도가 함락된 후 인조는 삼전도(오늘날 서울 송파구에 위치한 나루)에서 무릎 꿇고 항복했다. 이런 역사적 경험 탓에 그 후대에 문수산성이 조성된 것이다.

강화도에 들어가면 섬이라는 생각이 잘 들지 않는다. 워낙 큰 섬이고 또 육지와 강화도를 연결하는 다리가 길지 않으며 특히 썰물 때는 바다를 건넌다는 느낌이 들지 않기 때문이다.

강화도에는 돈대墩臺가 여럿 있다. 돈대는 오늘날의 군 초소에 해당한다. 돈대를 관리하는 포대, 작은 병력이 주둔하는 보堡, 큰 병력이 주둔하는 진鎭 등으로 구분된다. 강화도는 53개의 돈대와 9개의 포대로 구성되었다.

광성보 남쪽의 덕진진과 초지진은 강화해협의 남쪽 입구에 해당한다. 강화 쪽의 덕진진과 광성보 그리고 김포 쪽의 덕포진이 삼각 화망火網을 구성하였다. 강화 쪽의 포대는 널리 알려져 있었지만, 김포 쪽의 포대는 1970년대까지 알려지지 않았다. 그러던 참에 군사 상식에 따르면 반대편에도 포대가 있을 것이라는 추정을 바탕으로 발굴에 나서 오늘에 이르게 되었다.

강화대교에서 해안도로를 따라 남하하다 만나는 광성보에는 용머리 모양으로 튀어나와 있는 용두돈대가 있다. 그 바로 앞 해협 이름이 손돌孫乭목이다.

염하의 손돌목은 라인강의 로렐라이를 연상시킬 정도로 물길이 꺾이는 곳이다. 강폭이 좁은 목項은 거리가 가까워서 도하하기가 쉬울 것 같지만 오히려 빠른 물살 때문에 더 어렵다. 고려시대 몽골 침략 때 왕을 모시고 배를 몰았던 손돌이 거친 풍랑과 물살 탓에 왕의 의심을 사서 처형되었다는 설화 등 여러 이야기들이 전해져 내려온다. 설화 내용이 사실이라면 위험한 바닷길이 오히려 적의 추격을 피하는 안전한 길임에도 권력자의 의심은 자신의 안전뿐 아니라 억울한 백성 한 사람의 목숨까지 가져간 꼴이다.

염하의 김포쪽 기슭에 손돌 묘가 있다. 손돌 무덤이 누구의 것인지는 명확히 확인되지 않고 있다. 다만 김포시에서는 1232년 7월 고려 고종의 강화도 천도를 기준으로 매년 음력 10월 20일을 기일忌日로 정해 손돌공 진혼제를 봉행하고 있다. 음력 10월 20일 전후의 추운 날씨를 손돌바람, 손돌풍, 손돌추위 등으로 부른다. 정치권력이 백성을 보호하지는 못할망정 희생시키는 행태는 라인강에서 통행세를 강제로 징수하는 성주의 그것과 같다. 더구나 임진강은 로렐라이와 달리 서정으로 승화되지도 못했다. 라인강의 로렐라이, 염하의 손돌, 임진강의 경순왕 모두 과거를 잊지 못하는 슬픔을 가진 존재들이다.

임진강변에선 옛 성터뿐 아니라 군사진지도 있다. 태풍전망대에서 비무장지대 내의 임진강 양변을 보면 군사진지들이 관찰된다. 제1차 세계대전이 끝나고 제2차 세계대전이 발발하기 전까지 라인강 유역은 비무장지대DMZ로 설정되었다. 북한에서 남한으로 흐르는 임진강도 비무장지대를 통과하지만, 진정한 비무장은 실현되지 않고 있다.

통일도 분단도 영원하지 않다. 독일은 분열과 통일을 반복했다. 소비에트연방소련도 오래가지 않았고 다른 큰 나라의 통일도 영원하지만은 않을 것이다. 그러므로 한반도의 분단 또한 영원하지는 않을 것이다.

_강화 광성보 용두돈대에서 본 손돌목

뤼베크 소금창고(개방)
VS
서해 염전(폐쇄)

_ 뤼베크 폐 소금창고

동서독 분단선에 인접한 뤼베크Lübek는 12세기 중엽에 형성된 유서 깊은 도시다. 1987년에 도시 전체가 유네스코 세계문화유산으로 등재되기도 했다. 뤼베크의 전성기는 14세기 한자Hansa 동맹의 전성기와 함께 했다. 한자는 중세 독일어로 협회나 길드를 뜻하는데, 한자 동맹은 통일된 헌법이나 행정조직을 갖고 있지는 않았지만 공통의 언어, 화폐, 법제도 등이 존재했다. 경제적 이익에 충실한 공동번영의 목적을 갖고 있었기 때문에 배타적이지 않았고 자유와 인권이 비교적 보장되었다. 17세기 들어 중앙집권적 영토국가가 확대됨에 따라 한자동맹과 뤼베크는 쇠퇴했다.

뤼베크에서는 소금 중개무역이 활발했다. 북유럽에서 소금은 백금白金으로 불릴 정도로 경제적 가치가 높은 물품이었다. 북유럽에서 잡은 생선을 중유럽이나 남유럽에 운송하기 위해서는 소금이 필요했고, 육류 소비량 증대에 따라 또한 소금 수요량이 증대했다. 북유럽은 일조량이 부족하여 태양열과 바람으로 바닷물을 증발시켜 만드는 천일염天日鹽 생산이 어려웠다. 대신에 소금바위를 깨서 채굴하거나 소금바위 지하에 흐르는 물 또는 소금바위에 인위적으로 투입한 물을 받아 증발시켜 만든 암염巖鹽이 주로 사용되었다. 뤼네부르크Lüneburg에서 생산된 소금은 뤼베크에 집결하였으므로 뤼베크는 소금 교역의 중심지였으며 트라베강 강안에 위치한 뤼베크 소금창고는 부의 상징이었다. 소금은 개방과 교류의 매개였던 것이다.

소금창고 지붕들이 매우 가파른 까닭은 이 지방의 겨울 강설량이 매우 많아서이다. 전통적 독일식 지붕양식을 보여주고 있다. 오늘날 뤼베크의 소금창고 건물은 더 이상 소금창고로 사용되지 않고, 쇼핑몰과 기타의 창고로 사용되고 있다.

※ ※ ※

이제 한반도를 둘러보자. 한반도에서의 소금의 주 생산지는 황해도와 평안도였다. 특히 황해도 연백군 해성면 해남리의 연백 염전은 동양 최대라고 불리는 대규모였다. 말도에서 육안으로 볼 수 있는 연백 염전은 38선 이남이었기 때문에 해방 직후에도 서울 등

남한 각지에 소금을 공급하는 선박들이 많이 항행하였다.

1953년 정전협정으로 황해도 전체가 북한에 속하게 됨에 따라 남한의 소금 공급이 부족하게 되었다. 이 무렵 인천 금호동 일대의 염전엔 피란 온 연백 사람들이 소금을 생산하여 생활하였다.

북한 땅에 가까운 남한 땅은 모두 인간의 출입이 자유롭지 못하다. 그뿐 아니라 인근 해역에서 자유롭게 어로작업을 할 수 있는 상황도 아니다. 염전 소금은 배를 타지 않아도 생산이 가능했다. 6.25 전쟁 휴전 직후 북한에서 가까운 강화도 앞 석모도의 일부 해안도 매립되어 염전으로 개발되었다.

석모도 천일염은 염도가 낮은 고급 소금으로 평가되었으나 경

_ 석모도 해안

제성이 맞지 않아 2006년경에 폐쇄되었고, 지금은 폐 염전과 폐 소금창고의 모습만 볼 수 있다.

소금에는 개방과 폐쇄의 두 가지 속성이 다 있다. 남한의 염전은 범죄자가 은닉하기 쉽고 또 노동자가 격리당해 착취되었던 곳이기도 하다. 그러던 염전이 오늘날에는 투자나 관광의 목적으로 재활용되기도 한다. 변산 염전은 그런 예이다.

황해도 연백은 분단 전 독일의 뤼베크처럼 물류적 개방성을 갖춘 곳이었다. 그러나 지금처럼 폐쇄된 분단 환경에서는 산업이나 문화가 발전될 수 없다. 다양성 보전을 위해 폐쇄하자는 주장과 달리, 폐쇄에선 다양성이 잘 보전되지 않고 반대로 착취만 있을 뿐이

다. 연백 염전은 남한과 연결될 때 경제적 생산성뿐 아니라 문화적 가치도 증대될 것이다. 분단선이 단절이 아니라 연결로 기능하기 위해서는 공유의 방식이어야 한다.

소금의 예에서 보듯이 폐쇄와 고립은 사물의 속성이 아니다. 어떻게 활용하느냐에 따라 폐쇄되어 고립될 수도 있고 반대로 개방되어 통합으로 이어질 수도 있는 것이다.

베를린 프랑스성당(개방을 통한 통일)
VS
강화도 대원군경고비(쇄국을 통한 분단)

1871년

프랑스와의 전쟁에서 승리함으로써 통일을 이룬 독일의 저력은 그 이전에 프랑스 선진 문물의 적극적 수용을 통해 배양되었다. 17세까지 독일 특히 베를린 부근은 낙후된 지역이었다. 베를린 지역을 관할하던 브란덴부르크-프로이센 공국은 선제후選帝侯 프리

_ 포츠담에서 프랑스 위그노를
환영하는 프리드리히 빌헬름
[포겔(Hugo Vogel)의 그림]

드리히 빌헬름Friedrich Wilhelm(재위 1640~1688년)에 이르러 발전을 도모하게 되었다. 프리드리히 빌헬름은 나라 발전을 위해서 무엇보다도 외국의 인재 유입이 절실함을 깨달았다.

인재 유입의 기회는 당시 패권국 프랑스로부터 왔다. 1685년 10월 프랑스 루이 14세는 종교 자유를 인정한 앙리 4세의 1598년 낭트 칙령을 폐지하였다. 이에 따라 프랑스 개신교 신자들, 이른바 위그노Huguenot들은 외국으로 망명하려 하였다. 프리드리히 빌헬름은 11월 8일 포츠담 칙령을 발표하여 약 2만 명의 위그노들을 브란덴부르크-프로이센으로 유치했다. 프리드리히 빌헬름은 위그노들뿐 아니라 유대인들도 유치했다. 위그노에 의해 브란덴부르크 공국은 급속히 발전하였다.

1688년 프리드리히 빌헬름의 사망 후 그의 아들 프리드리히 3세가 브란덴부르크 선제후(재위 1688~1701년)로 즉위하여 개방정책을 계속 추진하였다. 1701년 브란덴부르크-프로이센 공국은 프로이센 왕국으로 승격하였다. 베를린 지역에 기반을 두었던 브란덴부르크 대신에 오늘날 폴란드 지역에 기반을 두었던 프로이센이 새

_ 베를린의 프랑스성당

로운 왕국의 명칭이 되었다. 브란덴부르크-프로이센 공국의 프리
드리히 3세가 프로이센 초대 국왕 프리드리히 1세(재위 1701~1713
년)로 즉위했다.

　프리드리히 1세 재위기간에 위그노들을 위한 프란최지셔 돔
Französischer Dom, 즉 프랑스성당이 1701년에서 1705년에 걸쳐 베를
린 젠다르멘마르크트Gendarmenmarkt; 헌병광장에 세워졌다.

　프로이센의 세 번째 왕 프리드리히 2세(재위 1740~1786년)는
흔히 프리드리히 대왕Friedrich der Große으로 불리는 계몽전제군주였
다. 그는 프랑스인 가정교사의 교육 때문인지 프랑스 문화를 동경
했다. 왕세자 시절 외국 문화예술에 대한 관심은 아버지 프리드리

히 빌헬름 1세와의 심각한 불화를 가져오기도 했다.

프리드리히 2세는 자신이 직접 그린 도면으로 포츠담에 궁전을 짓게 하였다. 1748년에 완공된 상수시sans souci 궁전이다. 상수시는 '근심'이라는 수시souci와 '없이'라는 뜻의 상sans이 결합되어 '근심 없는'이라는 뜻이다. 상수시궁전의 양식은 18세기 프랑스를 중심으로 발달한 로코코 양식이다. 상수시궁전은 언덕 위 조성, 정원, 숲, 조각상 등 프랑스 궁전의 모습을 연상시킨다.

프리드리히 2세는 궁전이 완성되자 오래전부터 친하게 지냈던 프랑스의 계몽주의 철학자 볼테르Voltaire를 초청하였다. 프리드리히 2세는 자신의 궁전에서 볼테르의 편지를 낭독했고, 볼테르는 프

_상수시궁전에서 프랑스 철학자 볼테르와 대화하는 프리드리히 대왕[멘첼(Adolf von Menzel)의 그림]

리드리히 2세의 편지를 파리에서 낭독했다. 볼테르는 1750~1753년 기간 상수시궁전에 머물면서 역사서 『루이 14세의 세기Le Siècle de Louis XIV』를 완성하였다.

프리드리히 2세는 볼테르뿐 아니라 루소 등 다른 프랑스인들과도 교류하였다. 상수시궁전 서재에는 2천여 권의 책들이 보관되어 있는데 대부분 프랑스어로 되어 있다. 프랑스어를 사용하던 당시 유럽의 다른 귀족들처럼 프리드리히 2세도 프랑스 가정교사에게 교육받아 독일어보다 프랑스에 훨씬 익숙하였다. 그가 쓴 저서들도 프랑스어로 되어 있다.

프랑스 문화를 흠모한 프리드리히 2세는 당시 민족국가나 민족주의의 개념이 없던 독일의 여러 작은 공국 사람들에게 독일민족주의 의식을 제공한 인물이다. 독일민족주의의 상징적 인물이 프랑스 문화의 추종자였던 것이다. 제1차 대전 패전 직후 독일의 여러 정파들은 자신의 정치동원에 프리드리히 2세를 이용했다. 특히 히틀러는 프리드리히 2세를 자신의 롤 모델로 여겼다.

보불普佛: 普魯西-佛蘭西; 프로이센-프랑스전쟁과 양차 세계대전에서 프랑스를 침공한 독일 힘의 원천은 역설적이게도 프랑스에게서 왔던 것이다. 프로이센은 1870~1871년 프랑스와의 전쟁을 통해 독일 통일을 이루었는데, 그 저력은 개방을 통한 프랑스 인재와 문화의 적극적 수용에 기초한 것이었다.

이외에도 독일이 프랑스 문화를 받아들인 흔적은 여러 곳에 남아 있다. 파리 근교의 베르사유Versailles궁전은 한국에서도 인기 만화로 연재될 만큼 유럽뿐 아니라 세계적으로 유명한 유적이다. 베르사유궁전은 1631년 프랑스 루이 13세가 만든 작은 성을 루이 14세가 개축하여 지금의 웅장한 모습을 자랑한다. 궁전에는 프랑스 왕들의 초상화와 흔적들이 많은데, 프랑스혁명으로 단두대guillotine에서 처형당한 루이 16세와 마리 앙투아네트의 흔적도 찾을 수 있다. 베르사유궁전엔 화장실이 없어서 당시 귀족들은 구석진 곳에 볼일을 봤는데, 부푼 치마 스타일과 하이힐 패션이 그래서 생겨났다는 주장도 있다. 물론 지금은 궁전 내의 건물에 화장실이 따로 마련되어 있다. 베르사유궁전 거울홀은 17개의 아치형 창문과 동일한 모양의 17개 거울을 맞은편에 배치해 놓은 화려한 방이다.

베르사유궁전의 화려함은 당시 유럽의 많은 왕들이 동경했다. 바이에른의 루드비히Ludwig 2세(1845~1886년)도 그런 왕이었다. 그는 막시밀리안 2세의 아들로 태어나서 아버지가 죽자 18세 나이로 왕위를 물려받았다. 보불전쟁이 전개될 당시에도 루드비히 2세는 독일 남부 퓌센 등에 체류하며 궁전 건축에 몰두했다. 디즈니랜드 성의 원조인 노이슈반슈타인궁전Schloss Neuschwantstein을 포함해서 린더호프궁전Schloss Linderhof 그리고 헤렌킴제궁전Schloss Herrenchiemsee 등 3개의 궁전을 건축했다. 바이에른 킴호수Chiemsee의 작은 섬에 건

_ 프랑스 베르사유궁전 거울홀(위) | 독일 헤렌킴제궁전 거울홀(아래)

_ 베르너(Anton von Werner)가 그린 통일독일제국 선포식(왼쪽) | 오르펀(William Orpen)이 그린 베르사유강화회의(오른쪽)

축된 헤렌킴제궁전은 자금 부족으로 본관만 지어졌고 실제 루드비히 2세가 오래 머물지도 않았지만 당시 독일 사람의 마음속에 차지하고 있던 베르사유궁전의 위상을 잘 보여주고 있다.

헤렌킴제궁전 거울홀은 베르사유궁전 거울홀과 매우 유사함을 한 눈에 알 수 있다. 헤렌킴제궁전의 홀 배치는 전쟁홀, 거울홀, 평화홀의 순서를 포함해 베르사유궁전의 것과 거의 일치한다.

1871년 1월 베르사유궁전 거울홀에서 통일독일제국의 선포식이 개최되었다. 같은 장소에서 제1차 세계대전 강화조약이 체결되었다. 보불전쟁의 승전국으로 독일 통일을 선포한 역사 그리고 일차대전의 패전국으로 영국과 프랑스 등으로부터 과도한 배상을 강요당했던 역사의 중심에 베르사유궁전 거울홀이 있었다. 결국 베르사유강화조약에 불만을 품은 독일이 제2차 세계대전을 일으켜 패전의 책임을 지고 분단되었으니 그야말로 역사는 반복된다고 했던가.

_ 마인강변 프랑크푸르트

개방의 효과는 분단시절 더욱 뚜렷하게 드러났다. 동서독의 도시 프랑크푸르트도 그런 예이다. 프랑크푸르트는 '프랑크족의 여울 ford; 걸을 수 있는 얕은 하천' 혹은 '프랑크족의 통로'라는 의미를 갖고 있다. 이때 프랑크는 프랑스라는 의미보다, 라인강 하류 지역에서 갈리아Gallia 지역으로 진출하여 프랑크왕국을 건설한 서西게르만 부족을 뜻한다. 따라서 프랑스와 독일 모두를 포괄하는 의미이다.

독일에는 프랑크푸르트라는 명칭의 도시가 둘이다. 그래서 도시를 관통하는 하천 이름을 따서 마인강변 프랑크푸르트Frankfurt am Main와 오데르강변 프랑크푸르트Frankfurt an der Oder로 부른다. 마인강변의 프랑크푸르트는 프랑스에서 멀지 않은 도시이고, 오데르강변 프랑크푸르트는 폴란드와 접경하고 있는 도시이다. 오늘날 이

_ 오데르강변 프랑크푸르트

두 도시는 다른 발전의 모습을 보여주고 있다.

　이차대전 직후 프랑스는 독일의 경제부흥을 원치 않았다. 1945
년 패전한 독일을 괴테와 실러가 살았던 목가적인 농업국가로 만
들어야 한다는 미국 내 의견도 있었지만, 소련의 위협을 의식한 냉
전구도 때문에 1946년 마셜Marshall 미국 국무장관은 유럽부흥계획
European Recovery Program; 마셜플랜을 추진하였다. 서독에 속했던 마인
강변 프랑크푸르트는 서유럽 경제부흥의 주요 거점으로 활용되었
다. 프랑크푸르트 공항은 독일에서 항공기가 가장 많이 뜨고 내리
는 유럽의 허브hub 공항이다.

　이에 비해 동독에 속해 개방되지 못했던 오데르강변 프랑크푸
르트는 자본주의식 발전이 이루어지지 못했다. 독일이 통일된 지 20

년이 넘었지만 도시 발전의 정도는 매우 다르다. 물론 물질적 풍요가 무조건 바람직한 것은 아니다. 그렇다고 동독이나 동유럽의 지역들이 친환경적이거나 주민의 삶의 질이 높았던 것은 아니다. 개방된 서독의 발전이 동서독 통일의 원동력이 되었음은 물론이다.

※ ※ ※

이제 한반도를 둘러보자. 한강 하구, 특히 강화도는 서울로 들어가는 길목이어서 역사적으로 적지 않은 외침에 시달렸다.

병인년인 1866년 조선의 흥선대원군은 천주교 금압령을 내려 프랑스 선교사를 포함해 수천 명의 천주교도를 학살하였다. 이에 프랑스는 7척의 함대를 파견하여 강화성을 점령하고 1개월 후 철수하면서 은괴와 서적 등을 약탈해 갔다. 신미년인 1871년 미국과 전쟁을 치른 흥선대원군은 전국에 척화斥和비를 세웠다.

_ 강화도의 대원군경고비

강화도 덕진진 남쪽 끝 덕진돈대 해안가에 비석이 하나 있다. 프랑스와의 전쟁인 병인양요를 승전勝戰한 것으로 착각했거나 아니면 호도糊塗했던 흥선대원군이 1867년 전투 장소에 세운 해관비海關碑이다. "海門防守 他國船慎勿過바다문을 지키고 있으니 타국선박은 삼가 통과할 수 없다"라는 문구가 새겨져 있다.

경고비 근처에는 프랑스와 미국과의 전쟁에서 패한 조선인의 처참한 광경이 찍힌 사진들이 전시되어 있다. 조선과의 전투에서 승리한 프랑스와 미국은 관심이 없어 철수한 것인데, 대원군은 이를 승리라고 우기며 쇄국을 고수하다 결국 강대국도 아닌 인접국 일본의 함대에 항복하게 되었다. 쇄국이 나라를 식민지로 전락시켰고, 그로 인해 민족 분단이 초래되었던 것이다.

조선 말기 세운 담은 외부의 침입을 막기 위한 것이 아니라 지배층을 보호하기 위한 것이었다. 동서독 경계선을 포함한 철의 장막도 그 경계 대상은 외부세력이 아니라 외부와 접촉하여 자신에게 대항할 내부세력이었던 것이다. 철의 장막에 의한 피해자가 동쪽의 일반 주민이었듯이, 조선시대 담의 피해자는 일반 백성이었다.

개성공단은 DMZ 북방한계선에 바로 인접한 북한 지역으로 현대아산이 2002년 12월 1일부터 2052년 12월 1일까지 임차한다는 '토지리용증'을 북한 당국으로부터 받아 운영하고 있다. 2003년 6월 개성공업지구 건설을 착공하여 2004년 6월 개성공단 시범단지를 준공하였다. 2004년 12월 첫 제품(주방용품)을 생산하였으며, 2005년 4월에 처음으로 해외에 수출한 바 있다. 개성공단은 비록 부분적이기는 하지만 개방성을 지향하기에 궁극적으로 통일에 기여할 것이다.

바트엠스 빌헬름별장(통일전쟁)
VS
화진포 김일성별장(분단전쟁)

_엠스 전보 기념비(왼쪽) | 베르너가 그린 빌헬름 1세와 베네데티 대사의 바트엠스 만남(오른쪽)

19세기

독일 통일은 프로이센 국왕의 여름 별장에서 시작되었다고 말할 수 있다. 바트엠스Bad Ems는 라인강의 지류인 란Lahn강 연안에 있는 작은 도시로 17세기에 온천으로 개발된 휴양도시이다. 1867년부터 20년 동안 빌헬름 1세Wilhelm I의 여름 별장이 있었던 곳으로 비스마르크Otto von Bismark도 애용한 휴양지이다.

1870년 7월 13일 아침 프랑스 대사 베네데티Benedetti는 바트엠스 산책로에서 빌헬름 1세를 면담했다. 프랑스는 프로이센에게 스페인 왕위계승에 대한 발언권을 영구히 포기할 것을 요구했으나 빌헬름 1세는 이에 대해 확답하지 않았다. 면담 내용은 전보로 프로이센의 수도 베를린으로 보내졌다. 비스마르크 수상은 이 전보를 간단하면서도 자극적인 내용으로 고쳐 공개하였다. 이것이 엠스 전보 사건Die Emser Depesche; La dépêche d'Ems; The Ems Dispatch이다. 프로이센 여론은 일개 프랑스 대사가 프로이센 국왕을 모욕했다고 흥분했고, 프랑스 여론도 프로이센이 대국 프랑스의 요청을 무례하게 처리했다고 생각하였다.

7월 19일 프랑스가 먼저 프로이센에 선전포고를 하였다. 프로이센에게 패배를 설욕하려는 오스트리아, 바이에른, 뷔르템베르크Württemberg, 바덴Baden 등이 대對프로이센 전쟁에 합류할 것으로 프랑스는 기대했다. 프랑스 군대는 오스트리아–헝가리 군대와 공동으로 남부 독일로 진격하여 남부 독일을 프로이센의 지배로부터 독립시키려던 계획이었다. 그렇지만 프로이센의 군 동원은 급속히 이루어진 반면에, 오스트리아는 프로이센에게 패배했던 악몽 탓인지 참전을 주저했다. 독일 남부 공국들은 프랑스 기대와 달리 오히려 프로이센 편에 서서 대對프랑스 전쟁에 참전하였다.

9월 2일 프랑스 스당Sedan에서 프로이센과 프랑스는 일전을 벌였다. 스당 전투에서 나폴레옹 3세는 프로이센에게 항복하고 포로 신세가 되었다. 빌헬름 캄프하우젠Wilhelm Camphausen의 그림(1878년 작)에 묘사된 것처럼 나폴레옹 3세가 지휘도를 뺏긴 채 비스마르크 옆에 포로로 앉아 있는 모습은 프랑스 국민들에게는 충격이었다.

카셀Kassel은 독일 중부의 작은 도시이다. 카셀 지역의 빌헬름스

_ 스당 성벽(왼쪽) | 나폴레옹 3세와 비스마르크(오른쪽)

회산Wilhelmshöhe Berg 공원은 유럽 최대의 언덕 공원으로 알려져 있다. 1801년 완공된 빌헬름스회에궁전Schloss Wilhelmshöhe은 나폴레옹 1세가 유럽을 지배하던 시절에 웨스트팔리아 왕 제롬 보나파르트에 의해 나폴레옹스회에Napoleonshöhe로 불리기도 했다. 나폴레옹스회에 명칭은 현재 궁전의 공식 명칭이 아니지만 궁전 뒷면 상단에 여전히 부착되어 있다. 빌헬름스회에궁전은 20세기 초 카이저 빌헬름 2세의 여름 궁전이자 제1차 세계대전 후반 독일 최고사령부가 주둔하다가 패전 직전 군을 해산한 곳이다.

압 나흐 카셀Ab nach Kassel은 '꺼져라' 혹은 '서둘러라'는 독일어이다. 압과 나흐는 각각 '분리차단'이라는 뜻과 '으로'라는 뜻의 전치사이니 직역하면 '카셀로 꺼져라'는 의미이다. 1870년 9월 스당에서 포로가 된 나폴레옹 3세는 카셀의 빌헬름스회에궁전에 수개월 억류되어 있었는데, 카셀로 오기 전 네덜란드 · 벨기에 인접 독일 도시 아헨

_ 빌헬름스회에궁전과 카셀 전역을 내려다보고 있는 헤라클레스 조각상

Aachen에서 아헨 주민들이 나폴레옹 3세에게 했다는 말이 바로 "압나흐 카셀"이다. 최근에는 카셀 관광청이 관광객을 유치하기 위해 '빨리 카셀로 오세요'라는 의미를 담은 슬로건으로 사용하고 있다.

나폴레옹 3세의 항복 이후 프랑스는 새로운 정부를 구성하여 프로이센과 전쟁을 계속했지만 전세를 바꾸지 못하고 결국 1871년 1월 베르사유궁전에서 프로이센의 독일제국 선포식을 바라볼 수밖에 없었다.

프로이센 국왕 휴양지에서의 작은 만남이 전쟁을 불러일으켰고 결국 독일 통일로 이르게 된 것이다. 프로이센의 전쟁 대상은 독일 내 다른 공국들이 아니라, 독일 통일을 견제한 프랑스였다. 1990년

_ 독일 제국의회의사당(왼쪽) | 1941년 12월 제국의회의사당에서 미국에게 선전포고하는 히틀러(오른쪽)

독일 통일도 동독과의 협상보다 독일을 관리하던 전승 4개국을 포함한 주변국과의 협상을 통해 이루어진 것이다. 통일 전쟁과 협상의 대상은 독일 내부가 아닌 외부였던 것이다.

 1871년 통일 후 독일은 제국의회의사당Reichstag 건축을 추진하여 1894년 의사당을 개관했다. 나치정권 시절에는 히틀러 총통의 결정을 만장일치로 추인하고 히틀러 연설을 경청하기 위한 장소였다. 회의 때마다 국가國歌가 연주돼서 '독일에서 가장 비싼 노래 모임teuerste Gesangsverein'으로 비판되었다. 일차대전 패전과 배상의 늪에서 벗어나지 못하던 독일 국민들을 선동하는 히틀러의 육성 연설은 지금도 전해내려 오고 있다.

독일은 자신이 일으킨 전쟁에서 1945년 패배함으로써 결국 분단되고 말았다. 독일이 이차대전을 개시하지 않았더라면 분단되지 않았을 것이다. 이처럼 전쟁은 통일을 가져다주기도 하지만 분단이라는 참담한 결과로 귀결되기도 한다.

제국의회의사당은 이차대전 때 파손되어 방치되다가 1972년에 보수되었다. 자연광으로 실내를 밝히는 등 친환경적 건축으로 유명하다.

1990년 12월 통일독일의 첫 연방의회가 개최되었다. 1991년 6월 연방 하원은 338대 320으로 의회와 정부를 베를린에 두기로 의결했다. 2000년 연방 정부 청사는 베를린으로 이전했다. 2013년 1월 독-불우호조약인 엘리제조약 50주년을 맞아 독일과 프랑스의 의원들은 제국의회의사당에서 합동회의를 가졌는데, 나치정권 때의 제국의회보다 덜 화려하고 더 산만했지만 매우 화목하게 진행되었다.

※ ※ ※

이제 한반도로 가보자. 강원도 고성군 거진읍 화진포花津浦는 해당화가 만발한 호수라는 의미의 이름으로 동해안 최대의 자연호수이다. 이화진이라는 부자의 심술로 마을이 물에 잠기게 되었다는 설화가 전해져 내려오는 곳이다. 천연기념물 고니와 청동오리 등 겨울 철새가 떼지어 날아오는 곳이기도 하다. 화진포는 북위 38도선 이북에 위치하고 있기 때문에 1950년 6.25전쟁이 발발하기까지는 북한 측 관할이었다.

화진포에는 1948년부터 1950년까지 김일성 가족의 여름 휴양 숙소로 알려진 건물이 있다. 일제 강점기 때인 1938년 독일인 건축

_화진포 별장에 전시된 김일성 가족사진(왼쪽) | 이승만별장에서 바라 본 김일성별장
(가운데) | 김일성별장에서 바라 본 이승만별장(오른쪽)

가 베버H.Weber가 건립했다는 이 건물에는 1948년 8월에 촬영되었다
는 한 사진이 전시되어 있다. 소련군 레베제프Н. Г. Лебедев 소장의 아
들 그리고 김일성 당시 인민위원장의 자녀인 김정일과 김경희 등이
함께 있는 사진이다. 레베제프는 북한 주둔 소련군의 정보사령관으
로 김일성정권 수립에 핵심적 역할을 수행한 인물이다. 김일성별장
이라는 명칭도 그 곳에서 찍은 김일성 가족의 사진이 있어 붙여진
것이다. 1948년 수립된 북한 정권이 일으킨 6.25전쟁 중에 건물이
훼손되어 1964년 대한민국 육군이 재건축했다가 다시 2005년 옛 모
습으로 복원하여 전시하고 있다.

화진포에는 김일성별장 외에도 이승만별장으로 불리는 건물이
있다. 정전 다음해인 1954년 신축되어 대통령 별장으로 사용되던

건물이다. 이승만대통령 하야 후 방치되다가 철거되었는데 1999년에 다시 복원되었다.

6.25전쟁을 일으킨 세력은 그 전쟁을 통일전쟁으로 부르고, 내전에 미군이 개입하여 통일이 좌절되었다고 말한다. 또 이기지도 않았으면서 정전에 합의한 날을 전승기념일로 부른다.

만일 유엔군 참전을 내정불간섭의 근대주권국가 원칙에 위배된 것으로 해석한다면 이는 근대주권국가의 내정불간섭이 얼마나 인권에 위해한지를 보여주는 또 하나의 사례가 될 것이다. 북한 인권 문제도 국제사회가 개입하지 못하기 때문에 오늘날 기준에서 최악의 상황이다.

미국이 전쟁에 개입하지 않을 것이라는 기대뿐 아니라 6.25전쟁에서 남한 주민들이 북한군을 열렬히 환영할 것이라는 김일성의 기대도 틀렸다. 프로이센의 통일 전쟁 대상은 독일 내 다른 공국들이 아니라 외부세력 프랑스였다. 이에 비해 6.25도발의 주 대상은 외부보다 남한 내에 존재하는 같은 민족이었다. 동포에게 총부리를 겨눈 전쟁이 통일을 매우 어렵게 만든 것이다. 만일 6.25전쟁이 없었더라면 오늘날 이미 남북한은 통일되어 있을 가능성이 높다. 주변국의 강한 견제를 받던 독일도 냉전 종식과 더불어 통일이 되었는데, 만일 남북한이 서로 전쟁이 없었다면 통일의 가능성은 독일보다 더 높았을 것이다. 한반도에서의 전쟁은 통일을 가져다주지 못하고 오히려 분단을 고착화시켰다.

역사에서 힘과 전쟁을 통해 통일이 이뤄진 사례가 적지 않다. 한반도 삼국시대나 후삼국시대를 돌이켜 보아도 통일에 이르기 전

무수한 전쟁들이 있었고, 다른 대륙 역사를 보더라도 무수한 전쟁
을 겪고서야 통일이 된 경우가 적지 않다. 그런데 민주주의가 보편
화된 이후 무력으로 강제 편입시킨 통일은 오래 유지될 수가 없다.
어떤 면에서 전쟁은 통합되고 싶지 않은 구성원까지 강제로 통일시
키는 것이다. 통일은 자발적 의사에 따라 이뤄져야 지속 가능하다.

　　김일성별장 앞 바다에는 거북 형상의 섬 하나가 있다. 초도항에
서 직선으로 500m 거리에 있는 금구도金龜島 성지城址이다. 광개토왕
릉이라는 주장도 대두되고 있는데, 광개토왕에 대한 동경의 연장선
이다. 어쩌면 통일에 대한 열정도 대륙 진출과 무관하지는 않아 보
인다.

독일 DMZ(전쟁발발)
VS
한반도 DMZ(전쟁억지)

_로렐라이언덕에서 바라 본 라인강 상류 동안(東岸)

독일에도 비무장지대DMZ가 존재했다. 동독과 서독 사이가 아니라, 제1차 세계대전 후 패전 독일의 비무장을 보장하기 위해 프랑스와 가까운 라인강 유역에 설정된 비무장지대이다. 1919년 체결된 베르사유Versailles조약에서 라인강 서안西岸 지역을 15년 동안 연합국 점령 아래 두게 하고 동쪽 기슭 50km에 걸쳐 DMZ를 설정했다.

　　1925년 스위스 로카르노에서 발의되어 영국 런던에서 정식으로 체결된 로카르노조약Pact of Locarno으로 라인강 유역인 라인란트

_ 로렐라이언덕에서 바라 본 라인강 하류 동안(東岸)

Rheinland 지역의 영구 무장금지가 보장되면서 1930년 연합국 군대는 라인강 서안에서 철수했다. 1936년 나치 독일은 로카르노조약을 파기하고 군대를 라인란트 지역으로 진주시킴으로써 비무장은 파기되었고 3년 후 전쟁이 발발했다.

1936년 독일이 라인란트 지역을 재무장할 당시 비무장지대DMZ의 고수가 제2차 세계대전을 예방할 수 있었던 마지막 기회였다고 처칠 영국 총리를 비롯한 많은 사람들이 주장했다. 윈스턴 처칠은 라인란트 DMZ가 큰 전쟁 없이 히틀러의 야심을 꺾을 수 있는 마지막 장소였다고 주장했다. 이른바 예방전쟁preventive war, 즉 너무 늦기 전에 지금이 낫다는 급격물실急擊勿失; better-now-than-later 논리에 근거한 주장이다.

물론 이와 다른 견해도 있다. 1936년 당시 프랑스가 독일에 대해 예방전쟁을 수행했더라도 영국이 프랑스 측에 가담하지 않았을 것이기 때문에 라인란트 DMZ의 고수는 성공하지 못했을 것이라는 주장도 있다. 라인란트 지역의 DMZ 설정 자체가 독일 영토의 침해였기 때문에 비무장이 지속될 수 없었고 독일의 도발을 막을 수도 없었던 것이다. 잘못된 DMZ 설정은 오래된 분쟁을 완화시키거나 종식시키는 것이 아니라 반대로 새로운 분쟁의 원인이 되었던 것이다.

※ ※ ※

이제 한반도 DMZ를 둘러보자. 한반도의 DMZ는 정전협정에 의해 합의된 임진강변부터 동해안까지의 군사분계선MDL으로부터 쌍방이 2km씩 후퇴함으로써 적대 행위의 재발을 방지하기 위해 설정된 지역이다.

한반도 DMZ의 최북단이자 최동단은 고성 동해안에 있다 고성 통일전망대와 금강산 OP에서 관찰할 수 있다. 금강산관광도로, 동해선 철도, DMZ 남방한계선, 송도, 감호 등을 볼 수 있다.

1953년 7월 31일에 개최된 군사정전위원회 제4차 회의에서 쌍방은 DMZ에서 민사경찰을 보총rifle과 권총pistol만으로 무장 가능하고, 방아쇠를 한 번 잡아당길 때 총탄이 연속 발사되는 자동식 무기의 휴대는 금지하기로 합의했다. 즉 정전협정상의 비무장은 자동소

_고성 통일전망대에서 바라 본
DMZ(위) | 금강산 OP에서 바라 본
DMZ(중간) | 가칠봉 OP(아래)

총 이상의 무기를 금지한다는 의미이다.

남북이 각각 DMZ 한계선으로 부르는 철책선은 정전협정에서 규정한 'MDL로부터의 2km'보다 MDL에 더 가까이 설치되어 있다. 해발 1,242m 높이의 가칠봉加七峰은 금강산 12,000봉에서 7봉이 모자라기 때문에 주위의 6개 봉과 함께 7번째로 첨가되어 일만이천봉이 된다는 것에서 유래한 봉우리 이름이다. 가칠봉 OP에서 군사분계선까지는 400m도 되지 않고 북측 경계선까지는 750m에 불과하다. 동부전선에서 폭이 가장 좁은 DMZ이다. 4km의 간격을 지녀야 할 DMZ가 쌍방에 의해 1/5로 축소된 것이다. 명백한 정전협정 위반이라는 주장이 많다. 사실 철책선을 규정보다 앞으로 설치했다는 사실만 가지고는 위반이 아니다. 그 철책선을 따라 중무장되어 있다는 점이 위반인 것이다.

DMZ의 범위는 철책선이 어디에 있든 MDL로부터 남북으로 2km까지이다. 즉 철책선이 어디에 있든 군사분계선으로부터 2km까지 비무장화되어야 한다. DMZ의 남북 폭이 좁아졌다면 그것은 무장화 때문이지 철책선 때문이 아닌 것이다.

전진 설치된 철책선으로 둘러싸인 DMZ 안에 북측 민경초소와 남측 GP guard post가 무장한 채 마주보고 있다. DMZ 내에 북한은 280여 개, 남한은 90여 개의 경계초소를 운영 중인 것으로 알려져 있는데, 초소당 30명의 군인으로 합산해보면 DMZ 내 군인 수는 쌍방 모두 정전협정 제10항에서 허용하고 있는 1,000명을 훨씬 넘긴 데다 박격포, 대전차 화기, 수류탄, 자동소총 등 정전협정과 부속합의에서 금지하고 있는 각종 화기로 무장하고 있다. 더구나 DMZ

의 철책선을 따라 배치된 수많은 군인과 막강한 화력은 MDL로부터 2km 이내에 배치되어 있어 실제적으로는 DMZ 안에 배치되어 있다고 볼 수 있다. 그리고 정전협정 제6항과 달리 실제 수많은 소규모 총격전들도 있었다. 따라서 비무장지대는 실질적 비무장이 준수되지 못하고 있다.

그럼에도 불구하고 한반도의 DMZ는 15년도 버티지 못하고 전장이 된 독일의 DMZ에 비해 상대적으로 성공한 사례다. 60년 이상 전쟁이 억지되고 있기 때문이다. DMZ는 미국을 비롯한 제국주의 세력이 자국 영토에 비무장을 설정한 것이라고 북한이 주장하겠지만, 실제는 남한과 북한 사이 최전선에 설치된 휴전 완충지대이다. 비록 정전협정 대로 비무장이 실천되지는 못하고 있지만 1953년 이래 한미동맹과 같은 장치로 전면전全面戰 재발은 억지되고 있는 것이다.

2

이름 모를 비목이여!
분단의 슬픈 자화상

포츠담회담(분단)
VS
포츠담광장(통일)

_포츠담 체칠리엔호프궁전

포츠담은 한국 현대사 서술에서 빠지지 않는 지명이다. 1945년 5월 8일 독일이 무조건 항복했다. 이에 따라 제2차 세계대전 전승 연합국들은 자신들이 점령 중인 독일의 수도 베를린이나 그 인접지역에서 전후戰後 질서를 논의하기 위한 회담을 갖기로 했다. 당시 베를린은 연합국 폭격기의 공습으로 거의 폐허가 된 상태였다. 이에 비해 베를린 근방의 포츠담은 상대적으로 공습의 피해가 적었다. 연합국들은 북부 포츠담에서 호수를 끼고 아담하게 자리 잡은 체칠리엔호프궁전Schloss

_포츠담회담 3국 정상(왼쪽) | 카이로회담 3국 정상(오른쪽)

Cecilienhof을 회담 장소로 선택했다.

체칠리엔호프궁전은 독일 호엔촐레른Hohenzollern 왕가의 마지막 궁전으로, 빌헬름Wilhelm 황태자와 체칠리Cecilie 황태자비를 위해 1914년부터 1917년에 걸쳐 건립된 궁전이다. 이 체칠리엔호프궁전에서 제2차 세계대전 전승연합국들은 1945년 7월 17일부터 8월 2일까지 회담을 가졌다. 이것이 바로 그 역사적인 포츠담회담이다.

트루먼Truman 미국 대통령, 처칠Churchill 영국 총리, 장제스蔣介石 중국 총통 등 3국 정상이 체칠리엔호프궁전에 모였다. 나중에 스탈린Stalin 소련 의장도 합류했다. 7월 영국 총선 결과 영국 대표가 처칠에서 애틀리로 교체되었다. 전승 연합국들이 독일을 분할 점령한 직후 회동한 첫 정상회담이었다. 미국, 영국, 소련은 독일이 항복하기 전인 1945년 2월 얄타Yalta에서 독일을 분할 점령하기로 이미 합의했었다. 포츠담협정은 독일 점령의 목적을 독일의 무장해제, 비非군사화, 비非나치화, 민주화에 있음을 명시했다.

미국과 소련의 대對일본 군사작전을 협의하던 참모장회의에서

_ 나가사키 피폭 당시의 지층(왼쪽) | 나가사키 평화기념(祈念)상(오른쪽)

한반도를 분할 점령하는 방안이 비공식적으로 협의되었다. 당시 국제적으로 널리 인정되던 한국 정부가 없었기 때문에 한국과는 아무런 상의 없이 이런 협의가 진행되었던 것이다.

한반도를 분할 점령한다는 방안은 2년 전에 발표한 카이로선언과 배치되는 내용이었다. 1943년 11월 이집트 카이로에서 루스벨트 Roosevelt 미국 대통령, 처칠 영국 총리, 장제스 중국 총통 등 3국의 정상이 모였다. 이 회의에서 3국 정상들은 한국의 자유 독립을 선언했었다.

1945년 8월 6일 미군의 일본 히로시마 핵폭격이 있었다. 같은 달 8일 소련은 일본에게 선전포고를 하고 9일 만주에서 일본군을 공격했다. 일본은 소련군의 대대적 공격뿐 아니라 나가사키의 원폭 투하까지 겪었다. 나가사키 원폭 투하 다음날인 8월 10일 일본은 연합군 측에 무조건 항복의 뜻을 밝혔다. 이에 한반도에서 멀리 떨어져 있던 미군은 소련군이 한반도 전역을 점령하고 일본 본토까지 점령할까 걱정했다.

이차대전 당시 미국은 일본의 무장해제를 위한 한반도 점령을 다양하게 검토한 바 있다. 미군이 단독으로 점령하는 방안부터 미국, 영국, 중국, 소련의 4개국이 분할 점령하는 안 등 여러 가지로 검토했다. 그런데 일본의 갑작스런 항복 의사와 소련군의 폭풍 같은 만주 진출에 따라 미국은 전후관리 방안을 서둘러 준비할 수밖에 없었다. 8월 11일 상부의 명령에 따라 본스틸Charles Bonesteel과 러스크Dean Rusk 두 장교가 이를 준비했다. 후에 본스틸은 주한미군사령관으로 근무했고 러스크도 미국 국무장관으로 근무하는 등 이들은 한반도 문제에 깊숙이 관여하였다. 8월 11일 당시 두 장교는 매우 급하게 북위 38도선을 기준으로 미국과 소련이 한반도를 분할하여 점령한다는 안을 마련했다. 이 38선을 획정한 시간이 불과 30분에 지나지 않았다는 주장도 있다.

한반도 분할은 그 이전에도 몇 차례 시도된 적이 있다. 조선 말기 청일전쟁 직후 러시아와 일본 간에 논의되었고, 또 조선 중기 임진왜란 때 명나라와 일본 간에도 논의되었다. 하지만 이차대전 후의 38선 분할 안은 그런 역사적 논의를 참조한 것도 아니었고, 또 삼국시대 고구려-백제-신라 간 경계선을 인지한 것도 아니었다. 다만 38선이 한반도를 대략 반으로 나누는 선이면서 동시에 서울을 미군 관할에 둘 수 있는 획정선이기 때문이었다.

미국은 소련에게 38선을 경계로 한 일본군 무장 해제와 군정 실

_ 연천 38선 표지석(왼쪽) | 소양강변 38선 표지석(중앙) | 동해안 38선 표지석(오른쪽)

시를 제의했고, 이에 소련은 바로 동의했다. 9월 2일 미육군 태평양 지역총사령부 일반명령 제1호는 38선 이남의 일본군은 미군에게, 38선 이북의 일본군은 소련 극동군에게 항복하라고 공식적으로 포고하였다.

미소 군정을 3년 가까이 겪은 후 한반도는 1948년 38선을 경계로 남북한 각각의 정부가 수립되었다. 또 1950년 6월 25일부터 약 3년의 전쟁을 겪은 후 북위 38도라는 분단선은 공식적으로 사라졌다. 38선은 몇 곳에서 현재 표지판으로 남아 있을 뿐이다.

한반도 분단의 결정 장소 가운데 하나인 포츠담 체칠리엔호프 궁전은 현재 호텔로 운영되고 있다. 포츠담회담이 열렸던 방은 당시 사진들과 함께 보존되어 있다.

포츠담회담은 독일 분단 직후 그리고 남북한 분단 직전에 개최

_포츠담회담 모습

된 강대국 정상회담이었다. 포츠담은 전쟁을 일으킨 가해국 독일과 전쟁 피해국 한국 모두의 분단과 관련된 역사를 고스란히 간직한 장소인 것이다.

※ ※ ※

베를린에 가면 포츠담이라는 이름을 자주 접하게 된다. 바로 포츠담광장Potsdamer Platz 때문이다. 포츠담광장은 포츠담이 아니라 베를린에 있다. 포츠담은 베를린에서 남서 방향으로 25km 정도 떨어져 있다. 이 광장이 베를린에서 포츠담으로 가는 도로가 시작되는 곳이어서 20세기 초부터 포츠담광장으로 지칭되고 있는 것이다. 포츠담광장에 설치된 시계탑 모양의 신호등은 1924년 10월 이 광장에 설치되었던 신호등을 복제한 것이다. 당시 포츠담광장의 신호등은 유럽대륙 최초의 신호등이라고 주장되기도 하고 두 번째라고 주장되기도 한다. 독일 분단 이전엔 포츠담광장이 그만큼 번화가였다는 얘기이다.

이차대전 후 독일 분단과 함께 포츠담광장도 분단되었다. 베를린장벽이 가로질렀던 포츠담광장은 냉전 시절 폐허로 방치되어 있었다. 대신에 동베를린의 알렉산더 광장 그리고 서베를린의 카이저 빌헬름기념교회 지역 등이 분단 베를린의 중심지였다.

1989년 11월 9일 베를린장벽에 수천 명의 동독인들이 모였고 베를린장벽과 동서독 경계선은 개방되었다. 포츠담광장을 둘로 나

_ 포츠담광장의 1961년 사진(위) | 포츠담광장 베를린장벽과 장벽표시석(아래)

누었던 베를린장벽이 무너진 것이다. 바닥에 깔린 두 줄의 붉은 벽돌이 베를린장벽이 있었음을 증언하고 있을 뿐이다. 현재 포츠담광장에는 철거된 베를린장벽 일부를 다시 세워 관광용으로 전시하고 있다.

통일 이후 베를린시는 포츠담광장을 네 구역으로 분할하여 개발했다. 가장 큰 구역은 다임러Daimler-Benz; 나중에 Daimler-Chrysler를 거쳐 Daimler AG로 바뀜사에게 갔고, 두 번째로 큰 구역은 소니Sony사에게 갔다. 세계금융위기로 2008년 다임러와 소니는 소유건물을 매각하고 임대해 들어가기도 했다. 포츠담광장의 전철역, 백화점, 호텔, 식당, 극장, 카지노 등에는 하루 약 7만 명, 주말에는 하루 10만 명이 방문한다고 한다. 물론 경기가 좋지 않을 때도 있다. 경기 불황은 사회 갈등도 초래한다. 오시Ossi; 동쪽 사람와 베시Wessi; 서쪽 사람로 불리는 구舊동독인과 구舊서독인 간의 불신이 독일 다른 지역과 마찬가지로 포츠담광장에서도 발생한다.

경기가 좋을 때나 나쁠 때나 통일 후 포츠담광장은 다시 베를린 최고의 번화가로 자리 매김하고 있다. 중간 중간 많은 건물들이 있어 어디서부터 광장이 시작되고, 어디가 끝인지 알기 어려울 정도다. 1974년부터 매년 9월 마지막 주말에 열리는 베를린 마라톤대회는 1990년부터 동베를린을 경유하고 2001년부터는 결승선 도착 10분 전에 포츠담광장을 통과하도록 코스가 조정되었다. 포츠담광장은 베를린국제영화제의 주 무대이기도 하다.

독일과 한국을 분단시킨 역사적 포츠담회담이 열린 1945년 당시에는 체칠리엔호프궁전보다 포츠담광장이 더 파손되었었다. 이제 황폐한 포츠담광장은 사진으로만 볼 수 있다. 오늘날 포츠담광장은 비록 개방 자본주의경제에 의한 불안정이 있다고는 하나 통일과 함께 하는 번영의 모습을 보여주는 장소이다.

점령분할선(패전국)
VS
군사분계선(휴전국)

_ 얄타회담 3국 정상

독일과

한국의 분단은 제2차 세계대전으로 거슬러 올라간다. 연합군은 전쟁 내내 독일의 분단을 전후 관리 방안으로 논의하였다. 1945년 2월 얄타에서 루스벨트 미국 대통령, 처칠 영국 수상, 스탈린 소련 의장은 전승 연합국이 독일을 분할 점령하기로 합의했다.

1945년 5월 8일 독일이 무조건 항복하고 7월 1일 독일 분할 점령선이 발효되었다. 이 독일 분단선은 이차세계대전 승전연합국들이 패전국 독일을 관리하기로 한 구역대로 획정된 것이었다. 프랑스

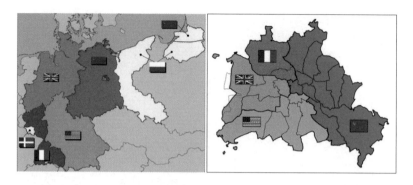

_ 독일점령분할선(IEG-Maps Project) | 베를린점령분할선(IEG-Maps Project)

는 소련의 반대로 독일 점령국 지위를 얻지 못하다가 미국과 영국의 독일 점령 지역 일부를 양도 받아 독일 점령국의 지위를 차지했다. 베를린 지역을 제외한 관리 구역들은 1871년 독일 통일 이전에 존재했었던 19세기 독일 여러 공국들의 경계선에 따라 책정되었다. 베를린 지역도 4개국에 의해 분할 점령되었다.

1949년 미국, 영국, 프랑스가 관할하던 독일 점령 지역들은 독일연방공화국Federal Republic of Germany: 서독으로 합쳐졌고, 소련 관할 지역은 독일민주공화국German Democratic Republic: 동독이 되었다. 서독과 연합국들은 자유공정 선거를 실시하지 않은 동독 정부를 인정하지 않으면서 대신에 동독에서 온 독일인들은 서독 국민으로 인정했다. 1960년까지 250만 명 이상의 동독 사람들이 동독을 떠났다.

동독 측의 분단선 관리는 소련 NKVDNarodnyy Komissariat Vnutrennikh Del; KGB의 전신의 국경수비대Pogranichnyie Voiska에 의해 시작되었다. 1946년부터는 현지에서 징병된 일종의 예비군 조직인 독일

_ 뫼들라로이트 마을의 동서독 분단선

국경경찰Deutsche Grenzpolizei; DGP로 보충되었다. 이후 1955년과 1956
년에 걸쳐 소련은 국경관리권을 동독에 넘겼다. 1961년 DGP는 국
가인민군Nationale Volksarmee; NVA 산하로 편제된 후 동독국경수비대
Grenztruppen der DDR 즉 그렌처Grenzer로 이름이 바뀌었다. 그렌처는
서독과의 경계선뿐 아니라 서베를린, 체코, 폴란드, 발트해 등과의
경계선을 관리하였다.

　　동서독 경계선에는 약 2,600개의 이발소 표식 모양의 동독영토
표시비가 약 500m 간격으로 설치되었다. 동독영토 표시비는 새조
차 앉아 쉬기 어려운 뾰족한 상단부에 날카로운 못이 박혀 있고 서
독 방향 면에 금속의 동독 문장紋章이 부착된 콘크리트 기둥이다. 또
한 동서독 경계선을 따라 600개 전후의 감시탑이 설치되었다. 여

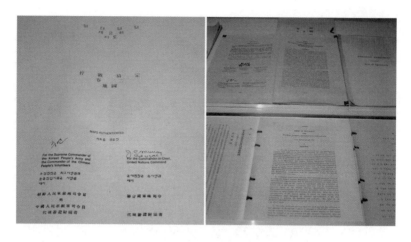

_ 정전협정문

기에 더해 1961년부터 동독 정부는 경계선에 지뢰를 매설하기까지
했다.

※ ※ ※

이제 남북한 분단선을 살펴보자. 남북한 분단선이 어디냐는 질
문에 의외로 많은 사람들이 38선이라고 답한다. 1945년부터 1950년
전쟁 발발 때까지 북위 38도선으로 분단된 적이 있지만, 전쟁 이래
오늘날 남북한 분단선은 38선이 아니다. 남북한을 분단시키고 있
는 공간으로 휴전선ceasefire line; truce line, 군사분계선Military Demarcation
Line; MDL, 비무장지대Demilitarized Zone; DMZ 등 여러 기준이 있다. 휴
전선이 구체적으로 무엇을 의미하는지는 사람마다 다른 듯하다.

1950년 6월 25일 북한의 남침에 의해 전쟁이 발발하였다. 1945
년 확정된 38선이 파기된 것이다. 1951년 7월에 시작된 휴전협상에

_용산 전쟁기념관에 전시된 남북한 군사분계선 표식물

서 북한 인민군 남일 수석대표는 38선이 전쟁 이전에 경계선으로 전
세계에 잘 알려져 있었고 38선으로 돌아가면 그 어느 쪽도 손해 날
것이 없다며 38선을 군사분계선으로 설정하자고 주장했다. 1953년
7월 27일 조선인민군, 중국인민지원군, 국제연합군 3자가 서명한
정전협정은 38선 대신 MDL을 새로운 경계선으로 규정하였고 MDL
로부터 남북으로 각각 2km 총 4km 폭의 DMZ도 규정하였다.

　38선이 미군 장교의 30분 작업으로 획정되었다면, DMZ는 3년
의 전쟁으로 만들어진 셈이다.

　당시 세계의 인식은 일방의 완승이 냉전시대의 현상유지status
quo에 별 도움이 되지 않으므로 따라서 전쟁 이전 상태로 돌아가야
한다는 것이었다. 큰 대가를 치루는 북진통일이나 남진통일을 국제
사회가 원하지 않는 상황에서 MDL의 위치는 자연스럽게 38선과 유

사할 수밖에 없었다.

정전협정이 체결된 장소인 판문점板門店 세 글자의 한자漢字가 모두 8획으로 38선의 상징으로 될 수밖에 없다고 말하는 사람도 있다. 점店자에 점칠 점占자까지 들어앉아 있으니 더욱 그럴 듯하게 들린다. 판문점은 6.25전쟁 이전에는 널문板門이라는 지명의 매우 한적한 마을이었다. 1951년부터 1953년 7월 27일까지 정전협상이 진행되고 협정이 체결되면서 세계적으로 알려지게 된 장소이다.

군사분계선MDL은 장벽이나 철책선이 아니다. 약 248km의 MDL은 임진강 강변의 표식물 제1호부터 동해안의 표식물 제1,292호까지 약 200m 간격으로 세워져 있는 총 1,292개의 표식물의 행렬이다. 표식물 가운데 696개는 유엔군이 관리하고, 596개는 북한군과 중국군이 관리한다. 남쪽으로는 한글과 영어로, 북쪽으로는 한글과 중국어로 '군사분계선'이라는 검정색 글씨와 표식물의 일련번호가 적혀 있다.

_ 금강산 OP에서 멀리 촬영한 최동단
제1,292호 군사분계선 표식판 말뚝

오랜 세월 훼손되었거나 아예 없는 표식물도 있다. 군사분계선이나 표식물에 접근하는 경우 상대측에서 사격으로 위협할 때도 있어 보수도 쉽지 않다. 이처럼 군사분계선을 현장에서 눈으로 확인하기는 어렵다. 하지만 오늘도 자유로이 넘나드는 뭇짐승들에게 이 선은 아무런 구속이 되지 못한다.

MDL 너머로 사람은 왕래할 수 없다. MDL이 현장에서 하나의 선으로 표시되어 있지 않아서 그런지 사람들은 철책선으로 연결되어 있는 DMZ 남방한계선을 남북한 분단선으로 착각한다. 동물들의 통행을 방해하는 것도 군사분계선이 아니라 남북이 자기관할 지역에 설치한 각종 철책선이다. 남방

_DMZ 남방한계선 설치 사진

한계선은 주로 북측의 침투를 막기 위한 목적이다. 반면에 DMZ 북방한계선은 남방한계선보다 덜 명확하다. 북한이 북부한계선으로 부르는 DMZ 북방한계선에 해당되는 철책선은 한 겹이 아닌 곳이 많고 그것도 일정하지 않으며, 고압선이 설치된 곳도 있다.

북측 DMZ는 정전협정 서명 당사자인 북한이 관리하여 왔다. 남측 DMZ는 명목적으론 유엔군이, 실제론 대한민국 국군이 관리하고 있다. 정전협정의 서명 당사자인 유엔군사령부는 판문점 공동경비구역Joint Security Area; JSA을 맡았고, 대부분 남측 DMZ의 관리는 대한민국 국군이 담당하였다. 1991년 10월부터 JSA는 국군 1사단의 최전방 관측초소 콜리어 지역을 제외하곤 국군 350여 명과 미군 250여 명으로 구성된 유엔사 경비대대가 경비책임을 맡았다. 그러다가 2004년 11월 판문점 JSA 경비 임무가 한국군에 이양됨으로써

_ DMZ 남방한계선 표식판

DMZ 남측 구간 모두를 한국군이 맡게 되었다. 물론 정전협정에 따라 경비병의 소속은 유엔군으로 되어 있다.

　일부 군인을 제외한 대부분의 사람들은 MDL뿐 아니라 DMZ에도 출입할 수 없다. 따라서 실제로 남북한을 분단시키고 있는 공간은 DMZ이다. DMZ는 정전협정상 남북 폭이 4km로 규정되어 있어 선線이라기보다 면面이라는 주장이 가능하다. 엄밀히 따지자면 수학에서는 1mm 폭의 선도 선으로 인정하지 않으며, 이러한 수학적 의미의 선은 현실에서 거의 존재하지 않는다. 한편으로 분단은 선의 특성이지 면의 특성이 아니다. 분단면面이라고 말하면 분단도道와 분단군郡처럼 행정구역상 하나의 면이 둘로 분단되어 있다는 오해를 줄 수 있다. 예컨대 강원도 고성군 수동면은 MDL에 의한 분단도의 분단군 내 분단면이다. 따라서 남북한 사이의 경계를 분단면보다 분단선으로 지칭하는 것이 타당해 보인다.

사라진 마을
vs
분단된 마을
vs
조성된 마을
- 마을 공동체

1945년 5월

나치 독일이 항복한 이후 연합군들은 급속히 독일 지역을 점령하였다. 그리하여 점령지역을 재조정하는 경우도 있었다. 예를 들어 메클렌부르크포어포메른Mecklenburg-Vorpommern주 지역은 소련이 점령 관리하고, 슐레스비히홀슈타인Schleswig-Holstein주 지역은 영국이 점령 관리하기로 되어 있었는데, 1945년 6월 두 주의 경계에 있는 샬제호수Schaalsee 주위의 지역을 맞교환하기도 하였다. 당시 영국군은 맞교환 이전 자국이 점령하고 있는 지역의 주민들에게 다른 영국 점령 지역으로 이주할 수 있도록 허용하였고 이주를 원하지 않는 주민들에게는 생활도구와 1개월분 식량을 제공하였다. 이러한 주민 이전 작업은 1945년 11월에 가서야 완료되었다.

동서독 경계선은 시視계와 사射계 확보를 위해 거의 모든 건물이 철거되었다. 처음에는 경계선으로부터 500m 거리까지만 철수시켰는데 5km까지 연장되는 지역도 많았다. 따라서 경계선 주변 거주 동독지역의 주민들은 다수가 거주지를 옮겨야만 했고, 경계선상에 위치했던 마을 대부분은 사라졌다. 샬제호수 인근 노이호프Neuhof 마을도 그러한 예이다.

철수시키지 않은 마을도 있다. 서독의 니더작센Niedersachsen주와 동독의 작센안할트Sachsen-Anhalt주 사이의 지크헤리-뵈크비츠 Zicherie-Böckwitz 그리고 서독 바이에른Bayern주와 동독 작센Sachsen주 사이의 뫼들라로이트Mödlareuth는 분단된 마을이라는 의미에서 '작은 베를린Little Berlin'으로 지칭되었다. 50여명의 주민이 거주했었던 뫼들라로이트는 유엔을 비롯한 국제여론이 주목하던 곳이라 동독 정

_ 분단된 뫼들라로이트 마을(왼쪽) | 다시 통합된 뫼들라로이트 마을(오른쪽)

부는 주민들을 이주시키지 못했다.

뫼들라로이트 마을의 분단선은 1952년 목제 벽으로 건설되었다가, 다시 1966년 콘크리트 장벽으로 대체되었다. 1952년부터 1989년까지 상호 통행이 금지되었기 때문에 80m 거리의 장벽 건너편에 가기 위해서는 80km를 돌아가야 했다. 베를린장벽Berliner Mauer이 붕괴된 1개월 후인 1989년 12월에 뫼들라로이트 분단선은 개방되었고 1990년 6월 뫼들라로이트 콘크리트장벽도 철거되었다.

베를린시도 분단되었다. 분단 도시였던 것이다. 베를린 시내에서는 곳곳에서 곰 동상들을 쉽게 볼 수 있는데 특히 정부건물들 앞뜰이 더욱 그렇다. 베를린이라는 명칭의 어원이 곰이라는 주장도

_ 베를린의 곰 동상(왼쪽) | 베를린시 문장(紋章)(오른쪽)

있다.

1253년 베를린의 첫 문장紋章에 나타나는 동물은 독수리였다. 곰은 1280년 베를린 인장에 처음 등장하다가 1883년부터 베를린 문장이 되었다. 1954년 5월 발표된 베를린시의 문장은 빨간 혀와 발톱을 가진 검은 곰이 서있는 모습이다. 베를린영화제의 트로피도 황금곰이다.

※ ※ ※

동서독 분단선과 달리 한반도 DMZ비무장지대에서는 전쟁이 치열하게 진행된 결과로 설정되었기 때문에 철수시킬 주민도 철거할 건물도 없었다. 예컨대 일제강점 시대까지 번화가였던 경원선 중간 기착점 철원읍은 제2차 세계대전과 6.25전쟁으로 이미 파괴된 상태였다.

철원군 근남면 마현리의 승리전망대는 아산 OP를 2002년에 확장하여 민간인에게 개방한 전망대이다. 서부의 DMZ 인접지역의 군사 고지高地들은 낮은 반면에 동부 고지들은 높다. 대부분의 서부 고지들 높이는 두 자리 수에 불과하고, 동부 고지들은 세 자리 수다. 세 자리 수 ○○○고지에 익숙한 동부 장병들이 두 자리 수 ○○고지라는 이름을 들으면 웃으면서 얕잡아 보는 경향이 있다. 승리전망대는 그런 동부 DMZ와 서부 DMZ의 중간적 위치다.

승리전망대에서 북측으로 보이는 평야가 아침牙沈리 마을인데, 그 곳에서 아침 식사를 한 후 금강산 관광을 하면 일정이 맞아 떨어진다고 붙여진 이름이라고 한다. 북측엔 군인들이 거주하는 마을이 존속하고 있는데 군사분계선 이남으로 그 마을이 연장되지 않음은 물론이다.

주민을 이주시킨 동서독 분단선과 다르게, 한반도 분단선에는 새로운 마을을 정책적으로 건설하려는 반대의 현상이 나왔다. 1954년 유엔사로부터 행정권을 이양 받은 남한 정부는 수복收復지구 민간인 입주계획에 따라 남측에 토지주인이 확인되지 않았던 양구 해안면亥安面, 고성 명파리, 철원 월하리, 철원 마현리 등으로 주민을 이주시켜 마을을 조성했다. 1959년 사라호 태풍으로 발생한 경북 울진의 이재민 66세대를 승리전망대 뒤 바로 남쪽에 있는 마현리로 이주시켜 마을을 조성했다.

광활한 분지盆地에 조성된 마을도 있다. 바로 해안면, 일명 펀

_ 승리전망대 앞의 사라진 마을(위) | 해안면 펀치볼의 조성된 마을(아래)

치볼punch bowl이다. 고령산악 내 분지 지대로, 동서 8.5km, 남북 7km, 해발 450m의 평원지대이다. 펀치볼은 펀치를 담아먹는 화채 그릇 모양과 비슷하다고 한 미군의 기록에서 유래한 이름이다. 권투선수가 펀치볼을 때리듯이 6.25전쟁 때 엄청난 포탄이 작렬해서 땅이 내려앉았기 때문에 이름이 펀치볼이 되었다고 믿는 사람도 많다. 한편으로 분지 지형이 운석별통별이 떨어져서 생긴 것이라는 주장도 있는데, 해안면 펀치볼은 외국의 운석공陽石孔; crater에 비해 너무 크기 때문에 그럴 가능성은 희박하다.

비무장지대 남방한계선 남쪽에는 민간인통제선, 즉 민통선이 설정되어 있다. 1954년 2월에 미 8군사령관의 직권에 의해 민간인 출입과 귀농歸農을 규제하기 위한 귀농선歸農線이 설정되었다. 민간인통제구역의 총면적은 설정 당시 경기도 480km²와 강원도 1,048km²로 총 1,528km²이었다.

국군이 경계 임무를 담당하면서 귀농선이라는 명칭은 민통선으로 바뀌었는데, 국토의 효과적 이용을 위해 군 작전 및 보안에 지장이 없다는 조건하에서 출입영농과 입주영농이 허가되었다. 1950년대 후반에 개별 영농을 제한적으로 허가하기 시작하였고, 1960년대 후반부터는 집단 영농 정착 계획을 실시하였다. 또 국토의 효율적 이용뿐만 아니라 북한의 선전촌에 대응하기 위해 1959년부터 1973년까지 99개의 자립안정촌, 12개의 재건촌, 2개의 통일촌을 건설하였다. 복구되지 않은 리里 지역에는 주민이 거주하지 않지만 출입영농이 허용되고 있다.

1980년대 이후에는 선전촌, 자립안정촌, 통일촌 등의 개념이 없어졌고, 출입절차와 영농시설에 대한 규제 완화 요구에 따라 민통선을 북상시키기 시작했으며, 민북민통선 북방 마을에 대한 규제도 완화되었는데, 민북 마을의 수는 1980년대 112개에서 감소하고 있다.

DMZ 내에도 조성된 마을이 있다. 북측의 기정동 마을과 대비되는 대성동 마을이다. 대성동 마을에서 100m 높이의 태극기 게양대를 세우자 기정동 마을에서 세계에서 가장 높은 국기 게양대라고

_ 속초의 실향민 문화촌(왼쪽) | 하꼬방 가옥(오른쪽)

일컬어지는 인공기 게양대(160m)를 세워 기네스북에 올랐다고 한
다. 야간 통행금지가 실시되고 조세 및 국방의 의무가 면제되고 있
다. 대성동 남자와 결혼한 타 지역 출신 여자는 거주가 허용되지만,
대성동 여자와 결혼하는 타 지역 출신 남자는 거주가 불허되며, 체
류조건도 있어 영원히 주민으로 보장되지는 않는다.

　　민간인통제구역이 아닌 속초에는 실향민 마을이 있다. 속초는
실향민과 그 자손들이 인구의 절반을 차지하는 곳이다. 청초호를
한 바퀴 돌고 나면 청호동에 이르는데, 여기에는 1·4 후퇴 때 피란
온 함경도 출신 실향민의 집단 정착촌인 아바이마을이 있다. 청호
동 마을은 설악산 울산바위가 보이는 노학동 실향민 문화촌에 재현
되어 있다. ㅁ 형태의 개성 집따리집, ㄱ 형태의 기와집인 평양 집꺽
임집, ㄷ 형태의 평안도 집쌍채집, 田 형태의 황해도 집양통집: 겹집, 부
엌과 외양간을 합친 공간인 정주간이 있는 함경도 집겹집, 아바이마

을의 하꼬방, 동해북부선의 속초 역사驛舍 등이 복원되어 있다. 또 TV드라마 〈가을동화〉의 은서네 집 등 현존하는 건물 3동도 재현되어 있다.

실향민 마을에 재현되어 전시되고 있는 하꼬방 집은 전상수의 가옥인데, 1950년대 초반 피란민들이 물자가 없어 판자, 깡통, 종이박스 등을 구해다가 만든 작은 부엌과 단칸방이 전부였다.

강원도, 경기도, 인천시의 3개 광역자치단체 그리고 기초자치단체로 옹진군, 강화군, 김포시, 파주시, 연천군, 철원군, 화천군, 양구군, 인제군, 고성군 등 접경지역 지방자치단체들은 분단 시대 최전선에 위치하고 있다.

한반도에는 분단 광역자치단체 강원도가 있다. 분단도道라는 표현은 필자가 1991년에 처음 쓴 것 같다. 북한에도 강원도가 있기 때문에 그런 표현을 썼다. 사실 중앙집권적 근대국가체제에서 오랜 기간 중앙정부가 서로 달라 이미 하나의 생활공동체가 아니기 때문에 역사적 의미를 제외하곤 분단도라는 용어는 어색한 측면도 있다. 만일 앞으로 남북 강원도가 하나의 지역공동체로 묶일 수 있다면 이는 남북한 통합에 크게 기여할 것이고 그런 취지에서 분단도라는 표현을 쓸 수 있을 것이다.

동부 접경지역은 서부 접경지역보다 서울과 평양으로부터 상대적으로 더 격리되어 있기 때문에 남북한 공히 정치적 안보와 군사적 안보 면에서 상대적으로 덜 취약할 수 있다고 판단하는 것 같다. 동부 접경지역에 소재한 강원도, 철원군, 고성군 모두 분단 이전에는 북한 지역에 걸쳐 있었으며 현재 북한에도 동일한 명칭의 행정

구역이 존재하고 있다. 남쪽에서는 북쪽의 행정구역을 북강원, 북철원, 북고성 등으로 칭하고 분단된 지방자치단체로 보고 있다.

지방자치단체가 북한과 교류한 성과 중의 하나가 2000년 강원도지사가 지방자치단체장으로는 최초로 북한을 공식 방문하여 북한과 합의서를 교환한 것이다. 2000년 6월 남북한 정상회담 성과의 지방판이자 축소판이었다. 강원도지사 일행은 2000년 12월 16일부터 20일까지 동해-장전-원산-평양-원산-장전-동해의 경로를 이용하였는데, 판문점이나 중국을 경유하지 않고 직접 북강원도를 통해 북한지역에 들어갔다. 강원도지사라는 공식 명칭으로 북한의 민족화해협의회와 협의하였으며, 북한의 민족경제협력련합회 회장과 함께 합의서에 서명하였다.

솔잎혹파리 공동 방제 사업이 2000년대 전반기에 실시되었고, 연어 방류 및 부화장 건설 사업도 일부 성사되었다. 남북 강원도의 솔잎혹파리 방제사업은 성공적인 지자체 교류협력 사업이었다. 2010년부터는 아무런 교류가 없다.

강원도의 상징 동물은 곰이다. 상징동물 기준에서 보자면 베를린과 강원도는 공통점이 있다. 베를린은 이미 통합되어 통일독일의 수도가 되었다. 강원도에서도 통일한국 수도를 유치하려는 목소리가 나온다.

통일 이전과 이후에 발생

_ 강원도청의 곰 동상

되는 행정적 수요를 충족시키기 위한 공간이 바로 남북한 행정교류의 장소이다. 이 남북화해시대의 행정교류의 장소는 궁극적으로 통일한국의 행정 신도시가 된다. 행정교류는 장기적으론 일반 행정기구뿐만 아니라 치안을 포함한 사법기구 그리고 군축·신뢰구축을 포함한 군사기구 등으로 운영되어야 할 것이다.

통일한국 수도로 자주 언급되는 곳이 경기도 파주이다. 파주 교하는 조선 광해군 때 천도遷都 논의가 있었으며 오늘날에 와서도 통일한국의 행정수도가 되어야 한다는 지리학자의 주장도 있다.

강원도 철원은 후삼국 태봉泰封의 수도였고 후삼국통일의 기반을 제공했다는 역사적 사실에서 철원이 통일한국의 수도가 되어야 한다는 주장도 있다. 철원 월정리역 앞 궁예 도성터의 남북경계선이 DMZ 경계선과 일치한다 하여 통일한국의 수도를 철원으로 하고, 정부청사를 궁예궁터로 하며, 통일한국 이름을 태봉으로 하자는 주장도 있다. 생태보전이나 행정효율성 등의 기준에서도 과연 그런지는 검증해야 하지만, 서울이 아닌 지역에 행정센터를 건립하는 것은 필요할 수 있다.

파주와 철원뿐 아니라 다른 지역들에서도 스스로를 한반도 중심이니 정중앙이니 주장하고 있다. 양구군은 한반도의 극동경상북도 독도, 극서평안북도 용청 마안도, 극남제주도 마라도, 극북함경북도 온성 유포진을 연결하는 선이 교차하는 양구군 도촌리가 국토 정중앙이라고 홍보한다. 또 한반도의 평면지도를 수평으로 유지시킬 수 있는 무게중심점은 김화와 평강 부근이다. 중부원점이 연천군 내에 있다는 주장도 있다.

미국 각주의 주도州都는 경제중심 도시가 아니라, 지리적으로 중심에 자리한 도시이다. 남북한 행정교류의 장소도 지리적 중심으로 결정하는 것이 바람직하다. 남북한 화해·협력 및 통합과정에 따라 유발되는 특수행정수요를 충족시키기 위하여 국토중앙지대에 남북화해협력촉진·매개 기능을 부여하는 것이다.

수도권 과밀인구 해소는 통일 이전이나 이후 모두 필요한데, 지방에서 지방으로의 연결망 구축은 그런 수도권 집중 완화 효과를 갖는다. 이를 L2L$_{local\ to\ local}$로 부를 수 있다. 이러한 사회간접자본 투자는 통일 이후의 접근 용이성을 기준으로 결정될 수 있다.

통일 이후를 고려하면 접근 용이성이 중요하겠지만 통일 이전의 긴장관계를 고려하면 상대방 위협으로부터 덜 취약해야 한다는 점도 교류 장소 결정의 중요한 기준이 된다. 접근이 쉬우면 쉬울수록 취약성이 증대되고, 반대로 취약성이 줄수록 접근이 어렵다. 탈취약성의 기준은 인구 밀집 지역으로부터의 격리 정도이다. 경의선 복원사업에 대해 남북한 안보전문가들은 수도권 안보취약성을 지적해 왔다. 북한정권도 격리된 지역의 교류를 선호할 것이다. 적절한 정도로 격리되고 적절한 정도로 접근 가능한 지역이 통일 이전의 교류 중심지가 될 수 있을 것이다.

동서독(동독내) 완충지대
VS
남북한(남북간) 완충지대

_ 왼쪽은 조르게의 동서독 경계선, 가운데는 동독의 완충지대 및 감시탑, 오른쪽은 동독 내벽이다.

분단 이전의 독일은 작은 도로를 제외하더라도 약 40개의 철로, 약 30개의 도로(고속도로 및 국도), 약 140개의 지방도로 등이 동서독을 연결하고 있었으나, 동독 정부의 차단조치로 10개의 도로(4개 고속도로 포함), 8개의 철로, 2개의 운하, 3개의 항공로만이 동서독 경계선을 통과했다. 동서 베를린 간에는 8개의 통과로가 허용되었다.

동서독의 완충지대는 동독인의 서독 행을 감시하기 위한 곳이었기 때문에 동독 영토에 설정되었다. 동독 정부는 동서독 경계철책선 안에 잡목을 제거하여 감시할 수 있는 완충지대를 조성하였다. 동독은 동서독 경계선에서 짧게는 20m, 넓게는 2km 정도 떨어져 담을 다시 만들었다. 동독 국경수비대를 포함해서 누구도 동독을 탈출할 수 없도록 동서독 경계선과 동독 내벽의 사이 공간을 엄격히 통제하였다. 이로써 동독 국경수비대는 총알이 서독 영역까지 날아가지 않게 하면서 발포할 수 있게 되었다. 또 동독 내벽의 바깥쪽도 동독 관할지역이라 보수와 정비가 가능하게 되었다. 이렇듯 동서독 경계선 근방의 동독 쪽 지역은 출입이 엄격히 통제되었다. 동독 지역만 한반도의 비무장지대처럼 사람의 출입을 엄격히 통제하였다.

이에 비해 동서독 경계선의 서독 쪽 대부분에는 요새도 순찰로도 지뢰도 아무것도 없었다. '위험! 국경지역!Achtung! Zonengrenze!', '정지! 여기는 국경지역임Halt! Hier Zonengrenze'과 같은 경고판만 두었다. 독어와 영어로 경계선까지의 거리를 알리는 표지판은 있었지만 경계선으로 접근하는 데에 물리적 장애물은 없었다.

동서독 분단선에는 한반도 DMZ비무장지대 정도의 무장된 군대가 서로 대치하지는 않았다. 헤센Hessen 주와 튀링겐Thüringen 주 사이의 포인트 알파Point Alpha처럼 나토동맹군과 바르샤바동맹군이 서로 대치했던 경계선이 일부 있었지만 대부분은 그렇지 않았다.

통일 후유증이 심각하게 체감되던 통일 직후의 시절, 장벽이 필요하다는 주장이 서독에서 돌았다. "왜 중국인은 늘 싱글거리며 웃고 있는지 아는가? 그들은 아직도 장벽만리장성을 가지고 있기 때문이다"라는 조크가 독일에서 유행하기도 했다. 통일독일 경제의 장기 침체 및 사회 네트워크의 불안정성 등이 모두 보호막이 없었기 때문이라는 해석이었다. 그러나 그런 해석은 일부이고 다수의 독일인은 통일의 혜택이 더 많다고 생각한다.

※ ※ ※

완충지대에서는 감시할 수 있는 시계視界와 사격할 수 있는 사계射界를 확보하기 위해 잡목을 비롯한 각종 장애물을 제거한다. 즉 완충지대인지 아닌지는 잡목들이 제거되어 있는지 아닌지로 확인할 수 있다. 남북한 간 완충지대는 DMZ이다. 이 공간은 상대의 도발과 침투를 경계하기 위해 조성된 곳이다.

정전협정에 따라 쌍방은 모두 DMZ 내에서 또는 DMZ로부터 또는 DMZ로 향하여 어떠한 적대 행위도 강행해서는 아니 된다. 민사행정 및 구제 사업을 집행하기 위하여 DMZ에 들어가도록 허가받는 군인과 민간인의 수는 각방 사령관이 결정하는데, 어느 일방이 허가한 인원의 총수는 언제나 1,000명을 초과하지 못하게 되어 있다. 민사행정 경찰의 인원수 및 휴대 무기는 군사정전위원회가 규정하며, 다른 인원은 군사정전위원회의 특정한 허가 없이는 무기를 휴대할 수 없다.

동독의 관할 지역에 있었던 동서독의 완충지대와 달리, 남북한의 완충지대는 남북 공동의 관리이거나 실제적으로 반반씩 포함된 구역이라고 말할 수 있다. 또 완충지대의 목적이 상대의 군사적 침투를 막는 목적보다 자국민의 탈출을 막는 목적이 더 컸던 동독과 달리, 상대의 군사적 도발이나 침투가 한반도 DMZ의 주 완충 대상이다.

DMZ의 남방한계선은 철책선으로 되어 있다. 반면에 북측 북방한계선은 거의 노출되어 있지 않다. 담을 쌓는 자의 심리는 상대

_ 사진의 철색선은 DMZ 남방한계선이고 오른쪽은 DMZ 내부이다.

를 경계하거나 스스로를 경계하는 것일 터인데, 담을 없애는 자의 심리는 개방하려거나 아니면 담이 없어도 잃을 것이 없는 것이다. 담은 비무장과 생태보호를 위한 것이 되어야 하는데, 쌍방이 그렇지 못하다. 통문마다 쌍방의 관리인이 함께 출입 무기를 체크하여 정전협정 그대로의 비무장구역이 되도록 하면 어떨까 하는 상상을 해본다.

실존하는 한반도 비무장지대는 '무장이 해제된' 비非무장의 지대가 아니라, '슬픈 무장'의 비悲무장지대, '무장이 숨겨진' 비秘무장의 지대 또는 '비방과 무기가 난무한' 비誹무장의 지대라고 할 수 있다.

155km 베를린장벽
vs
155마일 남북한분단선
-155의 길이

동서독의

분단선을 베를린장벽으로 알고 있는 사람이 많다. 베를린장벽은 동서독 분단선 가운데 극히 일부에 불과한 것이었다. 베를린장벽은 155km이지만 동서독 간의 분단선은 1,400km에 이르렀다.

또 베를린장벽을 동서 베를린 사이의 것으로만 이해하는 사람이 많은데, 베를린 외곽 동독지역과 서베를린 사이의 담들도 베를린장벽이다. 동베를린과 서베를린 사이의 장벽 길이는 43km였고, 다른 동독지역과 서베를린 사이의 장벽 길이가 112km로 더 길었다. 동베를린과 주변 동독지역 사이에는 당연히 장벽이 없었기 때문에 명칭도 어쩌면 서베를린장벽이 더 정확한 표현이고, 그 장벽도 동베를린과 서베를린 사이의 경계선이라기보다 동독과 서베를린을 나누는 분단선이었다.

베를린장벽은 동서독 간 분단선이 아니라는 견해도 있다. 베를린이 동독 정부나 서독 정부의 주권 관할에 있지 않고 법적으론 제2차 세계대전 전승 연합국인 미국, 영국, 프랑스, 소련의 관할에 있었기 때문이다.

본래 베를린은 동독지역에 속했지만 전승 연합국들에 의해 다시 분할 관리된 도시였다. 그래서 베를린장벽과 동서독 분단선은 서로 연결되지 않았다. 1948년부터 1949년까지 소련이 서베를린을 향하는 모든 육로를 봉쇄했을 때 서방연합국이 생필품을 서베를린에 공수空輸한 이유도 바로 베를린 자체가 동서독 분단선으로부터 떨어져 있었기 때문이었다.

동독인들의 탈주에 위기감을 느낀 소련과 동독 정부는 1961년

_ 베를린장벽 자리에 설치된 분단시절 사진

8월 13일 일요일 서베를린을 둘러싼 155km 경계선에 철조망 방벽을 세웠다. 소련과 동독은 동서 베를린 간 지하철과 기차의 운행을 정지시켰다. 이후 철조망은 장벽으로 바뀌었다. 이것이 바로 베를린장벽이다.

베를린장벽의 성격은 동서독 경계선과 대체적으로 유사했지만 장벽의 정도는 더 강했다. 서베를린 쪽 장벽은 일반인도 만질 수 있을 정도로 접근이 자유로웠으나, 동베를린 쪽 벽은 수색견犬, 지뢰, 철조망, 302개의 감시탑 등 때문에 접근이 쉽지 않았다.

동독의 관리들은 1961년 8월 13일을 동독의 실질적 건국일로, 베를린장벽을 파시스트로부터의 보호벽으로 규정했다. 나치 정권의 게슈타포 본부건물이 베를린장벽의 바로 남쪽(서베를린 지역)에 있

_ 폐허 나치 건물 옆 베를린장벽

었기 때문에 효과적인 프로파간다였을 것이다. 그러나 이 굳건하게
만 보이던 장벽도 파시스트에 의해서가 아니라, 자유와 평화, 인간
의 존엄성을 갈구하던 동독 시민들에 의해 무너지고 말았다.

현재 베를린장벽은 일부를 제외하곤 대부분 철거되었다. 포츠
담광장 근처의 테러전시관Topographie des Terrors과 이스트사이드 갤러
리East Side Gallery에서 비교적 긴 장벽을 볼 수 있다. 테러전시관은 서
베를린 쪽 베를린장벽에 붙어 있는 나치 테러기관의 폐허건물에 위
치하고 있다. 1987년 베를린시 750주년 기념 전시회를 시작으로 통
일 후에 전시관으로 조성된 곳이다.

동독 정부가 동독 주민의 탈출을 막을 수 있었던 것은 서독과
의 견고한 경계선뿐 아니라 주변 동유럽 국가들의 협조 때문이었다.

1950년부터 1989년까지 폴란드, 체코슬로바키아, 헝가리, 불가리아 등의 국경에서 수십 명의 동독인들이 사살되기도 했다.

철책선과 콘크리트 장벽으로 이루어진 분단선도 영구하지는 못했다. 견고히 쌓았던 동독의 벽도 결국에는 무너졌다. 벽과 담에도 귀가 있다고 비유되었을 정도로 막강한 정보력을 자랑했던 동독 국가안보국 슈타시Stasi; East German Ministerium fur Staatssicherheit는 동독정권 붕괴 직전 30만 명에 가까운 공식·비공식 요원의 활동을 통해 600만 명에 관한 파일을 갖고 있었지만 정권 붕괴를 막지는 못했다. 담이 아무리 높고 탄탄하게 만들어지더라도 영원한 철옹성은 존재하지 않는다. 외부의 침투를 막을 수는 있을지언정 내부로부터의 변화까지 다 막을 수는 없었다.

1989년 5월 소련 고르바초프의 지원으로 헝가리는 오스트리아와의 국경, 즉 철의 장막Curtain of Iron을 해체하였다. 그해 9월 동독인 수십만 명의 탈출이 시작되었다. 체코슬로바키아는 동독인들이 헝가리로 가지 못하게 동독과의 국경을 봉쇄하였다. 10월 동독 지도부는 교체되었고, 체코슬로바키아와의 국경은 다시 개방되었다. 11월 9일 동독 정부는 영구적 이민 희망자의 출국을 허용하기 위한 국경 개방안을 발표하였는데, 본래 의도와 달리 모든 동독인들에게 즉시 개방한다는 오해를 주었다. 발표 몇 시간 후 베를린장벽에 모인 수천 명의 동독인들에게 국경수비대는 국경을 개방하지 않을 수 없었고 또 서베를린에서 귀환하는 것도 막을 수 없었다. 베를린장벽뿐 아니라 동서독 경계선 전역에서 개방이 이루어졌다. 개방 4일 동안 전체 동독 주민의 1/4이 서독을 방문했다. 출국 대열은 매우

길었고 1990년 2월까지 십여 개의 새로운 통과지점들이 설치되었다. 엘베강에서는 배로 서독행이 이루어졌다. 국경감시원은 더 이상 무기를 휴대하지 않았고 여권도 검사하지 않았다. 국경감시원들은 몇 개월에 걸쳐 절반으로 감원되었다.

독일 통일 3개월 전인 1990년 7월 1일 동서독 분단선은 공식적으로 철폐되었다. 정확히 45년의 수명이었다. 해산된 국경수비대원들 다수는 1994년에 완료된 동서독 경계선의 철거 사업과 단절된 도로와 철도의 복원 사업에 고용되었다. 통일 후 지뢰 제거에 적지 않은 비용이 소요되었다. 동서독 경계 시설물들은 주민들이 재활용하거나 재판매하였다.

베를린장벽이 철거된 자리 가운데 80km 정도는 도시 바닥에

_ 베를린장벽 위 건물의 외부(왼쪽) | 베를린장벽 위 건물의 내부(오른쪽)

두 줄의 붉은 돌로 표시되어 있다. 베를린장벽 자리 위에 건물이 세워지는 등의 이유로 바닥의 표시석은 자주 끊긴다. 포츠담광장의 장벽 표시석도 그렇다. 어떤 음식점의 테이블은 과거 베를린장벽이 있었던 자리였다.

베를린장벽 잔해는 도로 건설에 재활용되기도 하였다. 기념품 수집가들은 장벽을 깨서 가져갔고 세계의 여러 박물관들도 소장하고 있다. 베를린 기념품 가게에서는 다양한 크기의 베를린장벽 기념석을 판매하고 있다. 그 가운데 일부는 가짜라고 한다.

베를린 시정부는 장벽 조각을 갖고 있는 개인들에게 최고 1,000유로씩 지급하고 사들여 베를린장벽을 복원하였다. 외국인들뿐 아

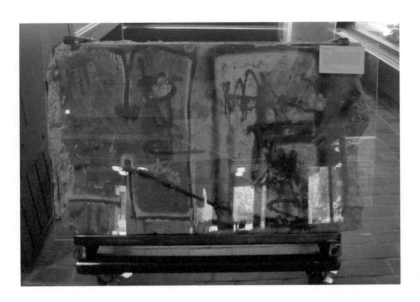

_ 미국 후버연구소의 베를린장벽 잔해

니라 독일 젊은이들 가운데에도 베를린장벽을 보려는 사람들이 많기 때문이라고 한다. 무너진 장벽의 흔적에서도 역사적 교훈을 읽으려는 사람들이 많을수록 힘들게 얻은 자유와 통일의 가치는 더욱 굳건해질 것이다.

베를린장벽뿐 아니라 여러 분단 시설물들이 관광이나 교육의 목적으로 다시 등장하고 있다. 통일 이후 동서독 간 출입국 검문소들을 중심으로 국경박물관이 설치되었다. 분단 당시 가장 북쪽에 위치한 동서독 출입국관리 건물을 재활용하여 만든 뤼베크 국경자료관Grenzdokumentations-Statte Lübeck-Schlutup부터 가장 남쪽의 뫼들라로이트 독일박물관Deutsch-Deutsches Museum Mödlareuth까지 곳곳에 설치

_ 뉴욕 유엔본부 내의 베를린장벽 잔해

되어 있는 국경박물관에서 분단선의 흔적을 볼 수 있다.

※ ※ ※

이제 155km의 베를린장벽 대신 155마일의 한반도 DMZ를 살펴보자. 한반도에도 베를린장벽과 같은 콘크리트장벽이 있고 이를 철거해야 한다는 외신이 30여 년 전부터 간간이 보도되고 있다. 1970년대 후반 한 네덜란드 작가가 북한의 설명자료에 근거하여 남한 지도자가 1977년부터 콘크리트장벽을 설치하여 분단을 고착화시키고 있다고 주장했다.

1999년 12월에도 주중 북한대사가 그 장벽의 남쪽 면은 장벽에 오르기 쉽게 흙으로 만들어 북한을 침공하기 위한 교두보이고 남쪽

에서는 장벽으로 보이지 않는다고 주장했다. 이런 내용은 'Korean Demilitarized Zone'에 관한 위키피디아wikipedia의 설명에 그대로 담겨져 있다. 또 국내 연합뉴스는 북한 조선중앙TV가 2005년 8월 26일 남측 콘크리트장벽으로 방영한 영상을 이틀 후 보도한 바 있다. 남한 내에서는 북한의 주장을 언급하는 것 자체를 꺼려하는 경우가 많은데, 공개가 필요할 때도 있다.

북한이 말하는 콘크리트장벽은 DMZ 의 남측지역에 남측이 구축한 대對전차장애물이다. 경제력 대비 군사력이라는 기준에선 세계 최고 군사국가인 북한과 인접한 나라로서는 침공방지 시설을 구축해야 함은 당연하다.

_ 판문점 공동경비구역

　　DMZ가 개방되면 북한 군인과 주민의 북한 탈출이 더 용이하기 때문에 북한 정권이 진정으로 원하는 바는 아닐 터이고 선전으로 언급할 뿐이다. 자유의지에 의한 인간 출입을 통제하는 것은 상대 정부가 아니라 자기 정부이다. 상대의 도발을 막는 담은 단절이 아니라 보호 기능을 수행하는 것이다.

　　한반도에 드리워진 155마일 길이의 MDL군사분계선 가운데 실제 일련의 선으로 연결되어 있는 곳은 JSA Joint Security Area이다. 본래 JSA는 이름 그대로 군사분계선 없이 쌍방이 공동으로 경비하던 구역이었다.

　　판문점은 1953년 7월 정전협정 체결 이후 유엔 측과 북한 측의 공동경비구역이 되었다. 1953년 8~9월에는 포로교환이 이루어진 장소이다. 판문점은 주로 군사정전위원회의 회담장소로 이용되었으며, 1971년 9월 20일 남북적십자 예비회담을 계기로 남북한 간 접촉/회담 및 왕래의 창구로도 활용되고 있고, 귀순·망명의 장소이기도 했으며 세계적인 관광명소로 자리 잡았다. 1998년 6월 정주영 회장이 500마리의 소를 데리고 방북訪北한 사례처럼 교류의 장소이기도 했다. 판문점은 당국의 허가가 있으면 남북 간 왕래가 가능한 지역이다.

군사분계선에 접근할 수 있는 사람은 군인이든 민간인이든 극소수에 불과하다. 이에 비해 판문점의 군사분계선은 조건만 충족되면 방문이 가능하다. 물론 판문점 출입은 다른 DMZ 남방한계선에 있는 OP를 방문하는 것보다 더 까다롭다. 판문점은 남북 간 높은 담이 없기 때문에 마음먹기에 따라 월북越北도 쉽고 북한군 자극도 쉽기 때문이다. 원칙적으로 개별 방문이 허용되지 않고 또 직계가족 전원의 방문도 허용되지 않고 있다. 단체의 경우에도 국가정보원에 미리 신청하여 신원조회를 받아야 한다. 공동경비구역 안에는 군사정전위원회 본회의장과 중립국 감독위원회 회의실을 비롯하여 자유의 집, 판문각, 평화의 집, 통일각 등이 있다.

1976년 8월 18일 도끼사건 이후 판문점은 공동경비구역이라는 이름과 달리 군사분계선을 기준으로 분할 경비되고 있다. 군사정전위원회 건물 사이에 한 줄로 낮게 설치된 콘크리트 턱이 군사분계선을 표시하고 있다. JSA에서도 베를린장벽 표시석처럼 건물 때문에 군사분계선 표시석이 끊겨져 있다. 군사정전위원회 본회의장 건물 안에서는 군사분계선 표시가 따로 없어 비교적 자유롭게 이동한

_ JSA의 군사분계선 표시석

다. 그렇다 하더라도 진정한 의미의 월경越境은 아니다.

분할 경비를 한 이후에도 남북한 병사 간 거리는 대화가 가능한 정도다. 판문점에서는 방문객들도 북한군 병사를 코앞에서 볼 수 있다.

물론 같은 민족이지만 자라온 환경이 달라서인지 군복을 보지 않아도 남측 사람인지 북측 사람인지는 금방 식별 가능하다.

군사정전위 회담장에는 유엔 참전국의 국기들이 유리 액자에 전시되어 있다. 2002년 2월 미국 대통령 부시의 도라산역 방문 무렵 북한군이 회담장에 걸려 있던 천으로 된 한국과 미국의 국기를 모독한 사건이 발생했다. 그 이후로 종이로 된 국기들이 유리액자에 전시되고 있다.

JSA 군사분계선 표시석이나 베를린장벽 표시석과 같은 분단의 표식물은 한낱 돌덩이가 아니라 역사를 함축하고 있는 상징물이다. 전쟁과 분단은 역사이고 유산이니, 무조건 부정하고 없애는 것보다 긴 안목을 갖고 관리해야 한다.

베를린장벽 기념석들을 보면 남북분단선 기념품을 생각하게 된다. 아직 통일이 실현되지도 않았는데, 이미 DMZ 철조망 기념품은 판매되고 있다. 독일이 과거 분단을 상품화하고 있다면 한국은 현재 분단을 상품화하고 있다고 볼 수 있다. 진행형 분단은 정치적으론 몰라도 상업적 수지타산에는 맞지 않을 것이다. 왜냐하면 개방

_ 군사정전위원회 회담장의 남측 국기들

되지 않은 상태에서의 수요는 많지 않을 것이고, 또 분단의 현실이
존재하는 곳에서는 굳이 분단 기념품이 잘 팔리지 않기 때문이다.

오베르바움 다리(연결)
VS
돌아오지 않는 다리(단절)

_ 분단 시절 베를린장벽이 세워져있던 슈페르강 다리 난간

분단 시절 동서 베를린 사이의 대부분 통행로와 교량은 아예 철거되었었다. 이스트사이드 갤러리 인접 오베르바움Oberbaum 다리는 1896년에 건축되었다는 문화적 가치 때문에 보존은 되었지만 분단 시절 차단되어 '돌아오지 않는 다리'로 불리기도 했다. 통일된 지금 베를린의 오베르바움 다리는 언제든 돌아올 수 있는 다리가 되었다.

이 다리를 사이에 두고 동베를린 쪽 지역은 프리드리히스하인Friedrichshain으로 불리고 서베를린쪽 지역은 크로이츠베르크Kreuzberg

_오베르바움 다리에서의 축제, 2005년(Mazbln, GFDL)

로 불린다. 두 지역은 독일 통일 이후 프리드리히스하인 - 크로이츠베르크 자치구로 통합되었다. 통일 이후 거의 매년 7월 27일 오베르바움 다리에서 두 지역 주민들이 상대에게 물과 음식을 던지는 축제를 벌인다. 뫼들라로이트 마을의 개울가 다리도 통일 후 개통되었다.

돌아오지 않는 다리처럼 돌아오지 않는 검문소라는 표현도 있다. 서베를린을 관할했던 연합군은 알파Alpha, 브라보Bravo, 찰리Charlie 등 몇 개의 검문소를 설치하여 외국인들의 출입을 가능하게 했다. 그 가운데 제3검문소인 찰리검문소Checkpoint Charlie는 베를린 봉쇄 당시 미군 탱크와 소련군 탱크가 서로 마주보고 대치했던 초긴장의 장소였다. 이 검문소는 1961년 10월부터 1990년까지 비非독

_ 뫼들라로이트 마을의 다리

일인을 위한 동서독 간의 주요 통로였다. 검문소 지붕에는 미국 국기 성조기가, 앞에는 "당신은 미국 구역을 떠나고 있습니다"라는 영어 표지판이 다른 언어의 간판과 함께 서있었다. 통일 후 실제 검문소 물품들은 서베를린 첼렌도르프Zehlendorf에 있는 동맹국박물관 Alliierten-Museum에 전시되어 있다.

베를린의 찰리검문소는 폐쇄된 후 한 동안 볼 수 없었지만 2001년 다시 등장했다. 찰리검문소에서 동베를린 쪽(여기서의 베를린장벽은 동서로 뻗쳐있기 때문에 동서남북 방위로는 북쪽)을 주시하고 있는 미군 복장의 사람은 실제 군인이 아니고 돈을 받고 관광객과 함께 사진을 찍어주는 사람이다.

검문소 옆 찰리검문소박물관Haus am Checkpoint Charlie에는 1인 잠

_ 찰리검문소

수함, 자동차 트렁크, 탈출용 가방 등 각종 탈출방법과 기구를 전시하고 있다. 검문소 앞에는 베를린 전역을 볼 수 있는 열기구를 운영하고 있는데, 열기구를 이용해 동독 탈출에 성공한 사례도 있다.

※ ※ ※

이제 한반도의 다리를 살펴보자. 판문점이나 도라산 전망대로 가려면 거쳐야 하는 곳이 통일대교 검문소다. 자유로운 오늘날 찰리검문소와는 사뭇 다른 분위기다.

세계적으로 유명한 돌아오지 않는 다리는 한반도에 있다. JSA 공동경비구역 내 돌아오지 않는 다리Bridge of No Return이다. JSA와 북한 지역을 연결하는 다리이다. 군사분계선은 다리 가운데를 지나서 거의 90도로 꺾여 판문점 회의장을 가로질러 간다. 본래 널문다리 혹

_ 통일대교 검문소

은 사천교로 불렸으나, 6.25전쟁 후 포로 교환 때 한 번 건너가면 돌아오지 않는다고 하여 '돌아오지 않는 다리'로 불리고 있다. 1976년까지만 해도 북한군이 JSA로 출입하던 주요 통로였다.

돌아오지 않는 다리 남측 초소는 홀로 북측의 여러 초소와 대치하여 지리적으로 취약한 곳이었다. 따라서 후방의 지원이 필요했는데, 유엔사 제5관측소observation post는 돌아오지 않는 다리 남측 초소의 대표적 후방 지원 관측소였다.

1976년 8월 18일 돌아오지 않는 다리 초소에서 비극이 발생했다. 돌아오지 않는 다리 초소와 제5관측소 사이에 키 큰 미루나무 한 그루가 있어 제5관측소에서 돌아오지 않는 다리를 잘 관측할 수가 없다는 이유로 유엔군은 나무를 절단하려 했다. 초소의 시야를 가리는

_ 돌아오지 않는 다리(왼쪽) | 돌아오지 않는 다리 초소 추모석(오른쪽)

미루나무 가지를 유엔군 감독하에 한국인 노무자들이 작업하고 있었다. 북한군들이 다가와 작업 중지를 요구했고 이에 관계없이 남측에서는 작업을 계속했다. 그러던 중 갑자기 수십 명의 북한군 사병들이 트럭을 타고 달려와서 도끼와 막대기로 폭력을 행사하다 미군 대위 보니파스Arthur Bonifas와 미군 중위 배럿Mark Barrett을 살해했다. 항공모함과 폭격기를 출동시키는 등 미군의 강경대응에 놀란 북한은 8월 21일 유감을 표명하고 남측은 문제의 미루나무를 절단하는 것으로 일단락되었다.

　　판문점 도끼 만행 사건 당시의 초소는 터만 남아 있고 미군들이 살해된 현장에는 추모석만 설치되어 있을 뿐이다. 이 사건 이후 JSA공동경비구역의 공동경비를 취소하고 JSA 내에도 군사분계선을 경계선으로하여 경비를 분리하였다. 돌아오지 않는 다리는 북한이 판문점 서쪽에 새로운 다리를 건설한 이후 현재는 사용되지 않고 있다.

2000년대 중반 북한군은 유엔사의 교량 보수 제의를 거절했다.

JSA 돌아오지 않는 다리의 초소는 철거되었지만 군인은 여전히 긴장을 늦추지 못한 채 경계근무에 임하고 있다. 관광객은 약간의 호기심과 더불어 긴장된 마음으로 관광을 한다. 오늘날 독일 베를린의 오베르바움과 찰리검문소에서는 과거의 긴장을 진지하게 기억하려는 사람들은 있어도 긴장감이 돌지는 않는다.

임진각에는 자유의 다리가 있다. 한국에서 자유라는 용어는 종종 반공을 의미할 때가 많다. 1953년 전쟁포로prisoner of war; POW 12,773명이 귀환했다 하여 붙여진 이름이다. 휴전 후 부서진 임진강 다리를 대신하여 임시로 부설된 나무로 된 다리였는데, 뒷날 임진각 자리에 옮겨놓은 것이다.

목숨 걸고 넘는 담
VS
죽어서 넘는 담
VS
죽어서도 못 넘는 담
-높이가 다른 담

서독은 베를린장벽이 세워졌다 무너진 27년 동안 4만 명에 가까운 동독 정치범과 25만 명에 이르는 그들의 가족을 서독으로 데려왔다. 대신에 약 35억 마르크(약 2조 원)에 이르는 돈을 동독에게 지불하였다. 이것이 바로 돈 주고 산다는 '프라이카우프Freikauf' 정책이다. 동독에 돈을 주어도 서독을 침공할 군사력은 증강되지 않을 것이라는 확신에서나 가능한 일이었다.

동독인이 동서독 경계선을 월경하여 서독으로 탈출하기는 매우 어려웠다. 여러 장애 가운데 상징적 하나가 SM-70 대인對人지뢰이다.

동독 정부는 1970년부터 1984년까지 베를린장벽을 제외한 동서독 경계선 전역에 약 6만 개의 SM-70을 설치했다. 동독 정부는 SM-70을 자동발사장치Selbstschussanlage라고 선전하면서 단순 지뢰보다 더 우수한 월경방지장치로 각인시켜 탈출을 억제하기도 했다.

SM-70의 운명은 동독 정치범 미카엘 가르텐슐래거Michael Gartenschläger의 운명과 함께했다. 1971년 동독에서 탈출하여 함부르크에 거주하던 가르텐슐래거는 1976년 3월 동서독 경계선에 접근한 후 SM-70 1개를 분해하여 서독 당국에 제공하고 4월에는 두 번째 SM-70 탈취에 성공했다. 그러나 5월의 시도에서 동독 국경수비대 총격으로 즉사했다. 가르텐슐래거가 가져다준 샘플로 SM-70의 비인도적 잔혹성을 확인한 국제 여론은 동독 정부를 비난하였다. 당시 외화 부족을 겪고 있던 동독 정부는 SM-70 철거 요구에 동의하고 바로 철거하였다. 대신 PMN 지뢰가 동서독 경계선에 더 많이 매설되었다.

베를린장벽이나 동서독 경계선을 넘으려다가 사망한 동독인의 수는 통계에 따라 다르지만 대체로 1,000명에 가까운 것으로 추정되고 있다. 그 가운데 약 250명은 베를린장벽 근방에서 사망하였다. 그 대부분이 베를린장벽이 세워진 1961년부터 장벽이 무너진 1989년 사이에 희생된 것이다. 마지막 희생자는 장벽 붕괴 9개월 전에 희생되었다. 사람들은 베를린 장벽으로 사망한 이들을 장벽희생자 Todesopfer der Berliner Mauer; Maueropfer라고 이름 붙여 추모하고 있다.

브란덴부르크문과 제국의회의사당Reichstag 사이의 베를린장벽 자리에는 근처 베를린장벽을 넘으려다가 사망한 70여명의 동독인들

_ 브란텐부르크문 근방의 베를린장벽 십자가

을 기리는 흰 십자가가 진열되어 있다. 사망자의 이름과 사망일자가 적혀 있다. 죽은 후에야 동서독 경계선을 넘어 추모되고 있는 것이다.

※ ※ ※

한반도 비무장지대와 인접지역에는 수많은 지뢰가 매설되어 있다. 지뢰 매설 정보가 있는 남측 관리 지역은 지뢰지대라고 표시하고 있다. 계곡의 지뢰는 철거가 쉽지 않다. 인간의 출입이 거의 없다보니 역설적으로 계곡의 자연생태계는 양호한 편이다. 매설 정보가 부족한 지역은 미확인지뢰지대로 표시하고 있다. 최근 들어 지뢰를 제거하는 경우도 많다. 지뢰를 철거한 지역에는 과거지뢰지대

_ 지뢰지대(왼쪽) | 미확인지뢰지대(가운데) | 과거지뢰지대(오른쪽)

라는 표지판으로 경고 표시한다.

남한에서의 지뢰 사고로 인한 피해는 적지 않다. 1999년 국방부가 제출한 국정감사 자료에 따르면 군사분계선 이남에만 112만 5천 발의 대전차 지뢰(M15)와 대인 지뢰(M14) 등이 매설되어 있다. 6.25전쟁 이후 방어 목적으로 비무장지대의 남측 구역에 매설된 지뢰에 대한 정보는 매설 지도가 있어 남한 군 당국이 어느 정도 파악하고 있는 것으로 알려져 있으나, 북측 지역에 매설된 지뢰에 대해서는 북한 군 당국이 파악하고 있는지 여부도 알려져 있지 않다. 더구나 남북한 공히 홍수로 인해 유실된 지뢰가 많으며, 6.25전쟁 기간 중에 무차별적으로 살포된 미확인 지뢰도 많다. 따라서 지뢰 제거에 적지 않은 비용이 들 것이다.

지뢰는 남북한의 상호교류를 억제하는 면이 있지만, 다른 한편으로는 무차별 개발을 억제하는 면도 있다. 지뢰의 완전한 제거에 여러 어려움이 따른다면, 철도나 도로와 같은 남북한 연결망은 DMZ를 가로지르는 4km 이내의 고가철도 또는 고가도로의 형태로 만들 수 있을 것이다. 고가高架를 이용한 연결로 광범위한 지뢰 지대를 피해갈 수도 있을 것이다.

이 경우 DMZ 생태 보전이 오히려 더 가능할 수 있으며, 동물들의 통로를 유지시켜 줄 수도 있다. 이미 생태통로eco-bridge가 없이 건설된 고속도로에서 차량에 희생되는 소위 로드킬roadkill로 인한 야생동물의 피해가 크게 증가한다는 사실에 비춰서도 정당성은 있다. 또 DMZ 구역의 고가 연결은 남북한 철도 · 도로 연결이 남침과 북침의 성공가능성을 높인다는 일부의 우려도 해소시킨다. 지뢰밭은 전쟁 도발과 난개발을 억제하였는데, 적어도 자율적으로 평화와 자연을 보전하지 못하는 상황에서는 효과적이었다.

남북한 분단선은 동서독 분단선보다 훨씬 더 두텁다. 독일의 분단선에는 게이트gate가 늘 존재했지만, 한반도 DMZ에 설치되어 있는 여러 통문通門과 교통문은 민간인이 드나들 수 있는 문이 아니다.

DMZ 가운데 특정 지역은 탈출로로 이용되기도 했다. 이러한 특수한 예외적 사례를 제외하면 민간인이든 군인이든 요새화된 한반도 DMZ를 통한 상대지역으로의 탈출 사례는 그리 많지 않다. 각종 철책선이 늘어서 있고 열영상장비TOD와 같은 첨단 경계시설에 더불어 각종 장애물을 뚫는 것이 매우 어렵기 때문이다.

DMZ를 통한 어려운 탈북 과정은 도라산 전망대 앞 북한군 2군단 직속 민경부대의 대남방송국 조장으로 근무하다 2002년 4월 귀순한 주성일 상급병사병장의 탈출 수기인 『DMZ의 봄』에 자세히 언급되어 있다.

먼저, DMZ는 남북 한계선뿐만 아니라 내부에도 철책선들이 곳곳에 있다. 이중가시철책선과 격자철망 등의 철책선이 있으며, 철책선에는 감시등이 설치되어 있다. DMZ 내의 북한 민경초소는 주위에 원형 철조망으로 보호되고 있기 때문에 초소 근무자가 탈북하기 위해서는 이 철조망부터 벗어나야 한다. 돌벼락 폭탄, 창이나 대못을 거꾸로 꽂아놓은 함정, 종을 매단 전기 장치 등의 비교적 덜 치명적인 장애물도 있다. 깊이 5미터, 너비 4미터의 큰 도랑 모양의 탱크 차단물에는 물이 가득 차 있는데 그것을 통과하는 길목에는 감시병이 근무한다. 3인의 무장군인들이 근무하는 50미터마다의 잠복호도 지나야 한다.

DMZ 통과 시 큰 장애물 하나가 고압선이다. 주로 16선 철책선과 가시철책선 사이에 위치한 고압선 장애물은 10,000 볼트의 고압선을 비롯 2,000~8,000 볼트의 전기선이 몇 겹으로 설치되어 있다. 거기에 더해 DMZ 통과의 큰 장애물은 지뢰이다. 반反탱크지뢰, 반反보병지뢰, 필갑지뢰, 말뚝지뢰, 선線지뢰, 75기계지뢰 등 30종이 넘는 각종 지뢰가 매설되어 있다.

DMZ의 감시는 철저하다. 눈이라도 내린 후라면 흔적이 남아 더더욱 탈출에 실패하기 쉽다. GP 근무 인민군의 탈출 수기에도 흔적을 남기지 않기 위해 군화 대신 지하족천으로 된 신발을 신고 이동하고 또 고압선을 통과하기 위해 접지봉과 짝지발을 사용하여 탈출하다가 동료가 고압선에 즉사한 얘기가 생생하게 담겨 있다. 한반도 DMZ는 동서독 경계선보다 더 첩첩으로 감시되고 있기 때문에

_ 강화 평화전망대의 망배단(왼쪽) | 김포 애기봉의 망배단(가운데) | 임진각의 망배단(오른쪽)

DMZ를 통한 탈출이 목숨을 거는 일임은 분명하다. 그럼에도 불구하고 자유를 향한 인간의 갈망은 그러한 모험을 감행하게 한다.

　가족 가운데 일부만 탈출하여 이산가족이 된 경우도 있다. 특히 전쟁 와중에 헤어진 가족들이 많다. 남측은 이산가족 만남을 적극 추진한다. 이산가족 만남도 일종의 개방이기 때문에 북한 정권은 큰 이익이 담보되지 않는 이산가족 만남을 적극적으로 추진하지 않는다. 그런 연유로 남측에는 북쪽 땅을 볼 수 있는 곳에 망배望拜단이 몇 군데 설치되어 있다. 강화, 김포, 파주, 철원, 고성 등 북한 땅을 바라볼 수 있는 지역에 설치되어 설날이나 추석 때 실향민들이 자주 찾는다.

입국 현황표('15.6월말 입국자 기준)

(단위 : 명)

입국 현황표

구분	~'98	~'01	'02	'03	'04	'05	'06	'07	'08	'09	'10	'11	'12	'13	'14	15.6월(잠정)	합계
남(명)	831	565	510	474	626	424	515	573	608	662	591	795	404	369	305	106	8,358
여(명)	116	478	632	811	1,272	960	1,513	1,981	2,195	2,252	1,811	1,911	1,098	1,145	1,092	508	19,775
합계(명)	947	1,043	1,142	1,285	1,898	1,384	2,028	2,554	2,803	2,914	2,402	2,706	1,502	1,514	1,397	614	28,133
여성비율	12%	46%	55%	63%	67%	69%	75%	78%	78%	77%	75%	71%	73%	76%	78%	83%	70%

연령대별 입국현황표('14.12월말 입국자 기준)

(단위 : 명)

연령대별 입국현황표

구분	0-9세	10-19세	20-29세	30-39세	40-49세	50-59세	60세이상	계
남	598	1,512	2,258	1,945	1,185	442	312	8,252
여	599	1,803	5,460	6,203	3,314	1,008	880	19,267
합계(명)	1,197	3,315	7,718	8,148	4,499	1,450	1,192	27,519

목숨 걸고 넘는 담 VS 죽어서 넘는 담
VS 죽어서도 못 넘는 담

재북 직업별 현황('14.12월말 입국자 기준)

재북 직업별 유형표

(단위 : 명)

구분	관리직	군인	노동자	무직부양	봉사분야	예술체육	전문직	비대상(이동 등)	기타	계
남	346	627	3,566	3,016	70	72	201	341	13	8,252
여	108	97	6,933	10,183	1,016	167	424	323	16	19,267
합계(명)	454	724	10,499	13,199	1,086	239	625	664	29	27,519

재북 학력별 현황('14.12월말 입국자 기준)

재북 학력별 입국현황표

(단위 : 명)

구분	취학전 아동	유치원	인민학교	중학교(구 고등중)	전문대	대학 이상	무학(북)	기타(불상 등)	계
남	389	119	724	5,034	700	915	348	23	8,252
여	369	162	1,131	14,237	1,874	992	455	47	19,267
합계(명)	758	281	1,855	19,271	2,574	1,907	803	70	27,519

재북 출신지역별 현황('14.12월말 입국자 기준)

재북 출신지역별 현황표

(단위 : 명)

구분	강원	남포	양강	자강	평남	평북	평양	함남	함북	황북	황남	개성	기타(불상 등)	계
남	207	61	1,018	62	405	344	327	730	4,554	253	160	44	87	8,252
여	317	67	2,398	117	543	398	233	1,740	12,944	163	227	27	93	19,267
합계(명)	524	128	3,416	179	948	742	560	2,470	17,498	416	387	71	180	27,519

출처 : 통일부

이제 사망하는 이산가족이 늘어감에 따라 살아 있는 이산가족의 수는 점점 감소하고 아울러 망배단 방문객 수도 줄어들고 있다. 멀쩡히 살아 있음에도 가족을 만날 수 없다는 것은 참으로 안타깝고 서글픈 일이며 한편으로는 부끄러운 노릇이다. 한반도 상황을 이해하지 못하는 외국인들에게는 설명하기 참 어려운 현실이다.

살아서의 만남을 넘어 죽은 후의 만남도 쉽지 않기는 마찬가지이다. 사망자의 유해를 찾기도 어렵고 찾은 유해를 전달하기도 어렵기 때문이다. 남한 내 유해발굴사업은 2000년 육군본부에서 시작하여 2007년부터는 국방부 유해발굴감식단의 주도하에 진행되고 있다. 2008년 DMZ 내 첫 유해가 발굴되었다. 전쟁 발발 65년이 지난 2015년 6월 현재 국군 8,476구, 유엔군 13구, 북한군 및 중공군 1,189구로 총 9,678구가 발굴되었다. 발굴지역 결정과 유해 감식은 국방부 유해발굴감식단이 주관하고, 실제 발굴 및 수습 작업은 현지 사단의 병력으로 시행한다. 그러다보니 복잡한 업무를 부담하게 되는 현지 부대가 유해를 은닉한다는 의혹을 받기도 했다.

유해 발굴 작업팀의 노력은 병을 발견하려는 의료진의 모습을 연상시킨다. 병이 있으면 의사로서는 병 발견이 성공적 의료행위이지만, 병을 발견했다는 사실이 그렇게 반가운 결과만은 아니다. 마찬가지로 유해를 발굴해야 성공적 발굴사업이 되겠지만, 전사자 유해의 발굴이 결코 기쁜 일은 아니다.

유해가 발굴된 국군전사자 가운데 신원이 확인된 유해는 국립대전현충원 묘역에 안장하고, 확인되지 않는 유해는 감식소에 보관하여 정밀 감식 후 국립서울현충원 충혼당에 임시 안치하고 있다.

_ 2013년 6월 적근산에서 발굴된 불발탄 등의 유품들

유엔군의 유해는 해당국에 인계하고 있다.

파주와 연천을 연결하는 37번 국도변, 파주시 적성면 답곡리 산 55에 적군묘가 있다. 글자 그대로 아군이 아닌 적군의 묘이다. 공식 명칭은 북한군·중공군 묘이다. 전국에 산재해 있던 적군의 유해들을 1996년 한 곳에 모아 안장한 곳이다. 전사한 적군의 유해도 존중하자는 제네바협정 추가의정서 제34조에 따라 조성된 묘지이다. 룩셈부르크나 프랑스 노르망디에 조성된 이차대전 독일군 전사자 묘지와 그 성격이 유사한데, 다만 독일과 주변국은 이미 화해를 이루고 함께 추모하고 있다는 점에 큰 차이가 있다.

2013년까지 북한군 유해 710여 구와 중공군 유해 360여 구의 유해가 안장되어 있었다. 6.25전쟁 당시 사망한 북한군과 중공군의 유해뿐 아니라 1968년 1.21 무장공비를 비롯한 여러 대남공작원의

_북한군 · 중국군 제1묘역(왼쪽) | 북한군 · 중국군 제2묘역(오른쪽)

시신도 묻혀 있다. 이름이 확인되지 않은 망자의 흰 비목 앞에는 무명인이, 뒤에는 발굴 장소가 표기되어 있다. 묘의 향向은 북쪽을 바라보게 해서 비록 고국으로 가지는 못하더라도 바라볼 수는 있도록 했다. 2013년 흰 비목을 대리석 묘비로 교체했고 향로 제단도 세웠다.

무장공비 침투를 부인하는 북한은 6.25전쟁 전사자 유해의 인수도 거부하고 있다. 다만 잠수함 등 결정적 증거가 있었던 1996년 강릉 무장공비의 유해는 인수하였다. 잠수함 고장으로 상륙한 승조원들을 남한 군인이 사살했다는 것이 북한 당국의 주장이다. 많은 북한 군인들은 죽어서조차 고향으로도 못가고 있는 것이다.

한편 북한 지역에서 발굴된 남한 국군의 유해가 2012년 5월 처음으로 남한으로 돌아왔다. 북한에서 바로 남한으로 송환되지는 못하고 미국을 경유하여 돌아왔다. 미국과 북한 간 협약에 의해 북한이 2000년에서 2004년에 걸쳐 미국에게 전달한 유해 가운데 국군 유해로 판명되어 2012년 5월 미국이 남한으로 인도한 것이다.

6.25전쟁 중에 전사한 국군의 유해 3~4만 구가 북한이나 DMZ 에 묻혀 있을 것으로 추정되고 있다. 2007년 평양에서 개최된 남북 국방장관회담에서 전사자 유해를 공동 발굴하기로 합의한 바 있으나 전혀 실천에 옮겨지지 않고 있다. 여전히 6.25전쟁을 남한이 아닌 미국과 벌인 전쟁으로 주장하는 북한이 유해 공동발굴 사업을 미국과 협의하고 있기 때문이다.

미국은 1996년부터 2005년까지 함경남도 장진호 인근과 평안북도 운산지역에서 225구의 유해를 발굴하였고 발굴 비용으로 북한에 3만 달러 가까이 지급하였다. 전쟁 당시 전사 혹은 실종된 미군 가운데 1만 명 가까이가 확인되지 못하고 있지만 적지 않은 비용을 투입해서라도 유해를 발굴하여 송환 받으려는 것이 미국 정부의 정책이다.

전쟁이 중단된 지 60년이 넘게 지났건만 유해조차 고향에 묻히지 못하니 그야말로 죽어서도 넘지 못하는 담이다. 통일 이전이더라도 유해만은 고향으로 돌아갈 수 있어야 하지 않겠는가.

북한군 유해와 달리 중국군 유해는 고국으로 돌아가고 있다. 1981년부터 1997년까지 한국 정부는 판문점에서 43구의 중국군 유해를 중국에 인도한 바 있다. 그런데 1997년부터 북한은 판문점에서의 유해 인도를 일체 거부하고 있다. 2005년 3월 베이징 한·중 국방장관회담에서 중공군 유해 송환에 관한 한국 국방부 당국자의 제의에 대해 당시 중국 당국자는 객사자를 집에 들이지 않는 관습이 있다고 답했다고 한다. 그러던 중 2013년 박근혜 대통령이 중국 방문 때 유해 송환을 다시 제의했고, 2013년 12월 한·중 정부가 적군묘에 안장된 중국군 유해 송환에 합의하면서 유해 발굴 개토를 시작했으며, 2014년 3월 437구의 유해가 중국으로 송환되었다.

중국이 6.25전쟁의 성지聖地로 생각하는 상감령上甘嶺도 결국 국군과 미군을 대량 살상한 곳일 뿐이다. 중국에서는 6.25전쟁을 미국에 대항하여 조선을 도왔다는 의미의 항미원조抗美援朝전쟁으로 부른다. 대한민국을 침략한 것이 아니라, 조선을 위해 침략자 미국을 대상으로 싸워주었다는 의미다. 현재는 조선전쟁이라는 용어를 병행하고 있다.

이런 얘기들이라면 한국인들이 별로 달가워하지 않을 내용이다. 마찬가지로 중국인들이 달가워하지 않을 얘기도 있다.

DMZ 인접 지역 가운데 이름에 중국과 관련된 명칭이 들어있는 곳이 바로 화천의 파로호破虜湖다. 화천댐이 세워지면서 북한강 상류에 만들어진 이 인공호수는 본래 이름이 대붕호大鵬湖였다. 화천댐 건설로 만들어진 인공호수의 모양이 전설의 새 봉황을 닮았다고 하여 붙여진 이름이었다. 1951년 5월 중공군 제10, 25, 27군 30,000여 명을 수장시켜 대승을 거두었다고, 당시 이승만 대통령이 오랑캐를 격파한 호수라는 뜻의 파로호라는 휘호를 새겼다. 휘호는 제6사단 부대명인 청성 표시와 함께 파로호 전적비에 기록되어 있다.

한국인들이 북진통일을 방해한 중공을 미워하는 것은 일견 당연해 보일 터이나, 나름 스스로는 명분 있는 전쟁에 파병된 애꿎은 자국 젊은이들이 희생당했다고 생각하는 중국으로서는 파로호라고

_ 파로호

이름 붙여진 연유를 들으면 불편할 것은 자명한 일일 터이다.

　최근 파로호에 중공군 위령비를 건립하여 중국인 관광객을 유치하려는 지자체의 시도가 있었으나 반대 의견이 있어 중공군뿐 아니라 모든 전사자를 위령하는 비석으로 바뀌어 추진되었다. 아직도 전쟁의 상처가 완전히 아문 것은 아니라고 할 수 있다.

　전쟁의 일반적인 속성상 본인의 의지와 상관없이 전쟁에 참가했다 전사한 사람들도 많다. 백마고지 위령비 등 많은 위령비는 피아를 구분하지 않고 전사자 모두를 추모하고 있다.

　미국과 중국, 또 한국과 중국이 어느 정도는 화해했다고 본다면 북한과의 화해만 이루어지지 않았다고 볼 수 있다. 아직도 전쟁은 끝나지 않은 것인가.

_ 베트남 참전 용사 만남의 장

화천군에는 베트남 참전 용사 만남의 장이라는 곳이 있다. 대한민국 국군이 참전해 도왔던 남베트남은 패망하였고 베트남전쟁은 완전히 끝났는데, 전쟁 종식 후 베트남은 상대 참전국들과 화해했다고 볼 수 있다. 북베트남은 미국과 그 동맹국(한국 포함)이 침략전쟁을 수행한다고 생각했겠지만 지금은 한국, 미국과 우호친선관계를 유지하고 있다.

화천에는 추모 성격의 비목문화제가 매년 현충일 무렵에 열리고 있다. 산화한 무명용사의 넋을 기린 비목이라는 노랫말은 1964년 백암산 주둔 부대에서 ROTC 장교로 근무하던 한명희가 이끼 낀 돌무더기 하나를 발견하고 만든 시다.

_ 비목문화제

초연이 쓸고 간 깊은 계곡 깊은 계곡 양지녘에
비바람 긴 세월로 이름 모를 이름 모를 비목이여
먼 고향 초동친구 두고 온 하늘가
그리워 마디마디 이끼 되어 맺혔네.

사실 군대에 간 당사자나 그 부모는 군대에 복무하고 있다는 사
실 하나만으로도 슬픈 감정을 억누르지 못할 때가 많을 터, 하물며
전장에서의 죽음을 애도하는 감정이야 어디 비목 노랫말 정도로 표
현될 간단한 것일까.

3

슬픔 속에도 희망은 자라고
분단과 통일의 문화예술
—

_ 한슈타인성
  vs 궁예도성 – 분단선 고성

_ 드레스덴 성모교회(화합의 건물복원)
  vs 철원 노동당사(방치된 건물잔해)

_ 이스트사이드 갤러리(통일 예술)
  vs 임진각(분단 예술)

한슈타인성
vs
궁예도성
-분단선 고성

_동서독 경계선 위의 한슈타인성

독일은 연방제이고, 주 경계선 다수는 19세기 프로 이센에 의해 통일되기 이전의 공국들 간 경 계선이었다. 따라서 주 경계선과 일치했던 동서독 경계선에는 고성 의 흔적을 볼 수 있다. 동서독 간 경계선에는 11, 12세기 중세시대 에 건축된 브로머Brome 요새도 있었지만 현재는 그 흔적을 잘 찾을 수 없다. 헤센Hessen주와 튀링겐Thüringen주 간의 남부 접경지역에 있는 벤델슈타인성Burg Wendelstein은 도심에 있어 그 흔적을 쉽게 찾 을 수 있다. 헤센주와 튀링겐주 간의 북부 접경지역이자 니더작센

Niedersachsen 주와도 접경하고 있는 지역에는 고성古城 한슈타인성Burg Hanstein 이 있다.

한슈타인성의 존재는 9세기까지 거슬러 올라간다. 11세기부터 13세기까지는 작센Sachsen 과 바이에른Bayern 의 여러 제후들 간의 다툼에 등장하는 성이다. 1057년 하인리히 4세가 신성로마제국 황제에 즉위하였으나 어린 나이 때문에 모후가 섭정하였다. 하인리히 4세가 성인이 되면서 왕령 회복을 추진하자 지방 제후들이 모반을 꾀하였다. 1070년 하인리히 4세 측은 반대파의 중심인 노르트하임 오토Otto von Northeim 공작이 소유한 한슈타인성을 파괴했다. 1073년 작센 주민들이 하인리히 4세의 하르츠부르크성을 포위하기도 했으나, 1075년 작센은 하인리히 4세에게 항복했고 오토는 사면되었다. 1075년 교황 그레고리오 7세가 황제의 주교 서임을 금지시키자, 하인리히 4세는 교황 그레고리오 7세의 폐위를 결의하였고, 그레고리오 7세는 황제 하인리히 4세의 폐위를 선언하였다. 독일의 주교들과 공작들이 황제의 반대편에 서면서 하인리히 4세는 교황에게 문서로 사죄했지만 받아들이지 않았다. 1077년 겨울 하인리히 4세는 추운 알프스를 넘어 북이탈리아 카노사에서 3일간 맨발로 서서 굴욕적으로 사면을 받았다. 이른바 '카노사의 굴욕'이다. 하인리히 4세는 교황의 사면으로 자신에 적대적인 독일 제후 연합군을 분열시킬 수 있어 반란을 잠재울 수 있었다. 1083년 오토는 사망했다.

이처럼 한슈타인성은 중세시대에 신성로마제국이라는 황제와 지방 공국 간의 권력경쟁, 또 교황이라는 신정정치와 황제라는 세속정치 간의 권력경쟁의 장이기도 했다.

_ 한슈타인성 위에서 본 동서독 경계선

　한슈타인성이 석성石城으로 된 것은 14세기였다. 1308년 한슈타인 가문의 하인리히Heinrich와 리폴드Lippold는 마인즈Mainz 페테르 야슈펠트Peter Aspelt 대주교의 승인에 의해 한슈타인성의 성벽을 돌로 쌓기 시작하여 1414년 완성하였다. 30년 전쟁을 비롯한 여러 전쟁을 거치면서 성은 여러 차례 훼손되고 복구되었다. 19세기 독일 통일 이전에는 공국 간의 경계선 역할도 수행하였다.

　　제2차 세계대전 이후 튀링겐주가 동독의 관할에 들어감에 따라 한슈타인성은 동독 국경수비대의 감시 시설로 활용되었다. 한슈타인성에 가까운 누런 들판들 사이로 과거 동서독 경계선이 지나간다. 동독 국경수비대가 한슈타인성에서 감시를 했고, 서독 주민뿐 아니라 동독 주민도 한슈타인성에 들어갈 수는 없었다. 물론 높은 성곽 때문에 동서독 주민 모두 한슈타인을 바라볼 수는 있었다.

한슈타인성은 동서독 분단선의 지리적 중앙에 위치하고 있어 통일의 상징적 의미를 갖는다. 독일 통일 이후에는 개방되어 여러 행사들이 진행되고 있는데, 2008년에는 건립 700주년 기념행사가 열렸다.

※ ※ ※

남북한 분단선의 중앙에도 통일의 상징성을 부여할 수 있다. 분단선의 중앙은 군사분계선MDL 기준으로는 철원이다. 독일 한슈타인성을 둘러싼 제후 간의 다툼은 태봉국 궁예와 왕건의 다툼을 연상시킨다. 896년에 궁예가 철원에 도읍하였다고 삼국사기와 삼국유사에 기록되어 있다. 896년 왕건의 아버지 왕륭이 궁예에게 귀부하였고 궁예는 송악에 발어참성을 쌓아 왕건을 성주에 임명함으로써 송악에 대한 왕건 가문의 지배권을 인정해주었다. 898년 궁예는 송악으로 천도했고 901년 고려를 건국하여 스스로 왕으로 칭했다. 궁예가 고구려를 계승하려 했다는 점과 왕건의 고려와 구분할 필요가 있다는 점에서 이때 궁예의 고려를 후고구려로 부른다.

육십갑자의 첫 해 갑자甲子년인 904년에 궁예는 국호를 마하진단摩訶震旦의 약칭인 마진摩震으로 바꾸었는데, 마하는 크다大를 뜻하고 진단은 중국인이 거주하는 땅 혹은 동방을 의미한다.

905년 궁예는 1,000호의 청주 사람들을 철원으로 옮기고 철원읍 풍천원 벌판에 도읍을 정했다. 약 7.7km의 내성과 약 12.5km의 외성으로 둘러싸인 궁예도성터의 남북 경계는 DMZ의 남북방 한계

선과 거의 일치하는 것으로 조사되어 있다. 도성은 DMZ 내에 있었기 때문에 일반인은 가까이 갈 수도 없고 가까이 들어가더라도 도성의 흔적을 발견하기가 쉽지 않기에 상상할 수밖에 없다. 사람 키 정도의 흙담이 궁예도성의 동벽이라는 주장이 있다. 담 위에는 아카시아 나무들이 자라고 있다. 궁예는 민중과의 친밀감을 강조한 미륵사상에 따라 성벽도 낮게 지었다고 한다. 궁예도성은 방어성이 아닌 거주공동체였다.

911년에 궁예는 국호를 태봉泰封으로 다시 변경했다. 918년 왕건은 궁예에게 반란하여 왕위에 오르고 국호를 고려로 칭하였다. 궁예는 왕건의 반란 후 험준한 산골에 피했다가 평강 사람에게 살해되었다고 삼국사기와 고려사에서 서술되어 있다. 역사는 늘 이긴 자의 편이기에 궁예는 사실보다 더 비판적으로 기록되어 있다는 주장이 있다. 궁예나 견훤이 폭정을 일삼았다는 역사는 승자인 왕건 중심의 서술이라는 지적이다. 궁예가 왕건에게 패하여 피신했다는 산만 하더라도 명성산鳴聲山; 울음소리산을 비롯 한둘이 아니고 궁예라는 단어가 들어간 지명 또한 많다.

연천군 연천읍 부곡리, 신서면 내산리, 포천시 관인면 중리에 걸쳐 있는 보개산성은 궁예가 마지막으로 왕건에게 패한 곳이라 해서 궁예성으로도 불린다. 한탄강漢灘江은 후삼국시대 궁예가 왕건에서 쫓기면서 한탄恨歎했다는 곳이라고도 하고, 일제강점시대와 6.25전쟁 때 피신하면서 한탄한 곳이라고도 하는데, 그만큼 우리 역사에서 지정학적 중요성을 지닌 곳이다.

1980년대부터 철원군은 매년 가을 태봉제를 개최하고 있다. 2004년에는 정도定都 1,100주년을 기념했다. 후삼국 통일의 기반을 마련한 궁예의 도성터는 통일 한국의 지리적 중앙에 위치하고 있다는 점에서 통일 문화 유적지이다.

6.25전쟁 이후 궁예도성터에 여러 답사단이 출입했지만 엄밀한 의미의 발굴은 이루어지지 못했다. 오히려 해마다 시계視界와 사계射界를 확보하기 위해 불을 지르는 화공火攻이 실시되고 있다.

궁예도성 내성(궁궐)의 터가 아직 남아 있다고 하는데, 이 지역이 북측 DMZ에 있기 때문에 발굴 조사를 위해서는 무엇보다도 북

_ 불타는 궁예도성터

한의 협조가 필요하다.

　궁예도성터를 비롯한 몇몇 유적지에 대한 남북한 공동발굴의 아이디어는 오랜 전부터 제의되어 왔다. 아무런 진척이 없음을 궁예는 어떻게 생각할까? 과거의 공유를 통해 미래의 변화를 모색할 수는 없을까.

드레스덴 성모교회(화합의 건물복원)
VS
철원 노동당사(방치된 건물잔해)

_ 2011년 가림막으로 가린 채 공사 중인 빌헬름황제기념교회(왼쪽) | 빌헬름황제기념
교회 공사 안내판(오른쪽)

독일에는 전쟁으로 파손된 모습 그대로 보존되고 있는 건물들이 몇몇 있다. 베를린의 빌헬름황제기념교회Kaiser Wilhelm Gedachtniskirche가 대표적 건물이다. 독일 제2제국 초대황제 빌헬름 1세를 기념하기 위해 손자인 빌헬름 2세가 추진하여 1895년 9월 1일 봉헌된 건축물이다. 교회건물은 1943년 11월 연합군의 베를린 공습으로 파괴되었다. 1957년 3월 베를린시는 건물 보존에 관한 오랜 논란 끝에 파괴된 모습 그대로 보존하기로 결정하고 1959~1961년 기간에 팔각형 교회 건물과 육각

형 탑을 신축했다.

교회건물은 파괴된 모습이 썩은 이빨과 같다고 해서 이빨로도 불리고, 신축 팔각형 교회 건물은 파우더통, 신축 육각형 탑은 립스틱이라는 별칭으로 불린다.

제2차 세계대전 당시 베를린보다 더 극심한 연합군 폭격을 받은 독일 도시는 중세 작센왕국의 수도였던 드레스덴Dresden이다. 드레스덴은 독일의 히로시마로 불린다. 1945년 2월 영국과 미국 공군으로부터 65만 발의 소이탄 등으로 폭격을 당한 드레스덴은 당시 6만 명 이상이 사망한 것으로 알려져 있다.

드레스덴 성모교회Frauenkirche는 1736년 완공된 교회로 바흐가 작센왕을 위해 오르간 연주를 했었다고 한다. 1945년 2월 연합군 폭격으로 교회건물은 불길에 녹아 내려앉았지만 동독 정부는 연합군 만행을 보여주기 위해 보수하지 않고 그대로 방치해 두었다. 독일 통일 이후 노벨상 수상자 그리고 영국과 미국을 포함한 국제적 지원으로 2005년 10월에 성모교회 건물을 재건하였다. 제2차 세계대전 당시 폭격으로 그을린 새까만 벽을 그대로 살려 재건축하였는데, 무엇보다도 폭격의 당사자였던 미국과 영국이 복원에 주도적으로 참여했다는 데에 의의가 있다.

성모교회 옆 공터에 드레스덴 엘베계곡이 유네스코 세계유산에서 2009년 취소되었다는 안내문이 눈길을 끈다. 드레스덴 엘베계곡이 유네스코 세계유산 목록에서 취소됨에 따라 드레스덴 복구 기금의 모금에 악영향을 미쳤다는 주장도 있었다. 그럼에도 전쟁에 대한 반성과 화합의 행사는 계속되고 있다. 공습 70주년을 맞은 2015년

_ 불탄 흔적의 드레스덴 시가(위) 드레스덴 성모교회(아래)

2월에는 드레스덴 폭격 희생자뿐 아니라 영국, 러시아, 폴란드의 드레스덴 자매도시 희생자들을 함께 추모하는 행사를 가지기도 했다.

2011년 10월에는 드레스덴 군사박물관Militärhistorisches Museum der Bundeswehr이 개관되었다. 건물의 독특한 외관으로 주목을 많이 받았지만, 더 큰 상징성은 다른 곳에 있다. 박물관 건물을 설계한 다니엘 리베스킨드Daniel Libeskind는 폴란드 유대인으로 그의 부모가 나치 대학살의 생존자였다고 한다.

※ ※ ※

6.25전쟁 역시 많은 지역과 건물들을 폐허로 만들었다. 민간인 통제지역인 구舊철원 시가지에는 아직도 여러 폐허들이 남아 있는데, 제2금융조합, 농산물검사소, 얼음창고, 제사製絲공장, 철원역 등 여러 건물의 잔해를 볼 수 있다.

철원 감리교회는 6.25전쟁으로 인해 폐허가 된 채 남아 있는 대표적 건축물이다. 벽돌을 쌓아올리는 조적조組積造 양식으로 1920년에 지어진 건물을 미국인 건축가 보리스William Merrell Vories가 화산석과 화강석의 석축을 가미하여 지하 1층 지상 3층으로 1936~1937년에 재건축하였다. 일제강점시대와 북한정권 치하에서는 기독교 반공 청년의 회합 장소로 활용되었다. 본래 건물은 전쟁 당시 폭격으로 파괴된 상태로 놔둔 채 최근에 옆 자리에 새로운 교회 건물을 세웠다.

지금은 민간인통제지역에서 제외된 철원 노동당사는 1946년 북한에 의해 지어진 건물이다. 1990년대부터 각종 음악회가 이곳에서 개최되었고 서태지의 뮤직비디오가 촬영되는 등 일반인에게 꽤 알

려진 명소이다. 소련식 무無철근 콘크리트 건물이라 벽만 멀쩡하게
남아 있다. 벽면에 설치된 철띠는 건물 잔해를 지탱하기 위한 것이
고 건물 후면에 더 많은 장치들이 있다. 과거 민간인통제선 이북지
역에 있었기 때문에 보전될 수 있었다.

　　철원 노동당사를 누가 파괴했고, 노동당사 지하에서 누가 고문
했다는 주장 등 누구를 질책하기 위한 논쟁이 있는데, 과거의 사실

_ 철원 노동당사 전면과 후면

은 엄정하게 밝히되 앞으로가 더 중요하다는 점을 잊지 말아야 한다. 만일 철원 노동당사를 포함한 전쟁 폐허의 복구에 미국, 중국, 북한 등 6.25전쟁 참가국들이 참여할 수 있다면 미래로의 진전에 큰 의미가 있을 것이다.

이스트사이드 갤러리(통일 예술)
VS
임진각(분단 예술)

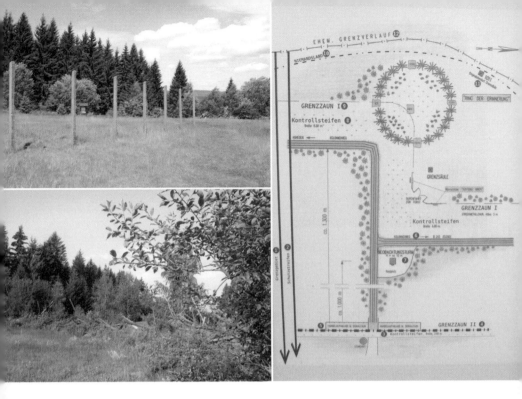

_ 조르게의 추모 원

동서독 분단선이었던 하르츠Harz 산악지대 조르게 Sorge에는 추모의 원Ring der Erinnerung으로 불리는 대형 조경 작품이 있다. 환경예술가 헤르만 프리간Herman Prigann 이 나무 더미와 나뭇가지를 얼키설키 엮어 커다란 원을 만든 작품이다. 구 동서독 경계철책선의 콘크리트기둥 9개를 원이 둘러싸고 있다. 동서독 분단의 시설물이 환경예술작품의 재료로 활용되고 있는 것이다.

베를린장벽 벽화의 장르는 그라피티graffiti이다. 그라피티는 '긁

_ 서베를린 쪽 베를린장벽 그라피티(1986년 촬영, Thierry Noir)

다' 또는 '긁어새기다'라는 의미의 낙서를 말한다. 1960년대 뉴욕 브롱스 등지에서 유래한 것으로 본다. 지금은 엄연한 미술의 한 장르로 인정되는데, 키스 해링Keith Haring과 장 미셸 바스키아Jean Michel Basquiat 등이 대표적인 인물이다.

베를린장벽 그라피티는 대표적인 독일 분단예술이 되었다. 분단 시절 베를린장벽 벽화는 서베를린 쪽에만 있었다. 동베를린 쪽 장벽은 접근 자체가 허용되지 않았기 때문이다. 통일이 되면서 많은 베를린장벽들이 사라지고 일부 남아 있는 동베를린 쪽 벽에도 그림들이 그려졌다.

이스트사이드 갤러리는 가장 길게 보존된 베를린장벽이다. 입장료가 없는 옥외 전시장인 셈이다. 통일 직후인 1990년부터 세계 여러 나라의 예술가들이 1,300m 길이의 동베를린 쪽 벽에 다양한 그림을 그렸다.

동독주민들이 장벽을 통과하는 모습의 추상화 그리고 소련과 동독 지도자 간 키스 장면을 포함하여 여러 정치적 풍자 또는 초현실주의 그림과 낙서들이 그려져 있다. 브레즈네프Leonid Brezhnev 소련 서기장과 호네커Erich Honecker 동독 제1서기의 키스 그림은 러시아 작가 브로벨Dmitri Vrubel이 1990년에 제작했는데 훼손되어 2009년에 다시 제작되었다.

풍자나 예술의 표현은 어디까지 허용될까? 다른 문화, 종교, 예

_이스트사이드갤러리(위) | 베를린 키스벽화의 변천[1991년(Thurn), 2007년
(Victorgrigas), 2009년(Ludwig) 촬영](아래)

_ 이스트사이드 갤러리의 낙서

술 등을 파괴하는 행위를 흔히 반달리즘vandalism 으로 표현한다. 게르만 일파인 반달족이 5세기 로마를 침략해 문화유산을 약탈하고 파괴한 것에서 유래하는 용어다. 물론 실제 반달족이 그렇게 심하지는 않았다는 주장도 있다. 반달리즘 용어가 정확한 표현이든 아니든 문화 예술은 마땅히 보호되어야 한다. 심지어 남의 땅에 무허가로 경작된 농작물일지언정 땅주인 마음대로 처분할 수 없듯이 거리의 낙서를 마음대로 지워서는 안되고 예술작품이므로 보호되어야 한다는 주장도 있다.

그런데 그라피티와 같은 예술분야에선 정책적으로 강제하는 보호를 좋게 보지만은 않는다. 미국 시카고에서는 시 조례로 스프레이페인트를 팔지도 휴대하지도 못하게 한다. 파리에서는 시 당국이 나서서 그라피티를 지우고 있다.

베를린장벽에서는 지우기도 마음대로, 그리기도 마음대로 할 수 있는 편이다. 이스트사이드 갤러리에는 예술작품만 있는 것이 아니다. 아이들의 낙서도 함께 전시되어 있다. 소원을 적는 공간도 있다. 베를린장벽은 규제된 예술보다 자유로운 예술을 지향한다.

낙서뿐 아니라 껌 붙이는 것도 허용된다. 몇

_ 베를린장벽에 껌 붙이는 아이들(왼쪽) ｜ 포츠담광장 베를린장벽의 껌 딱지(오른쪽)

개 남아 있지도 않은 포츠담광장의 베를린장벽에는 껌들이 징그러울 정도로 잔뜩 붙어 있다. 아이들이 껌을 붙여도 아무도 제재하지 않는다.

문화예술 파괴는 개인보다 정권에 의해 주도될 때 심각한 문제로 대두된다. 속성상 정권은 자신에게 비판적인 견해를 잘 수용하지 않는다. 나치 정권과 그 추종 세력들은 나치에 비판적인 사람들을 탄압했다. 1933년 나치청년연맹 등 전위행동대원들은 만Heinrich Mann, 맑스Karl Marx, 아인슈타인Albert Einstein 등의 저작들을 불태웠다. "책 태우는 곳에 결국 인간도 태운다"고 말한 하이네Heinrich

Heine의 책들도 태워졌다. 결국 하이네의 경고대로 나치 정권은 사람들도 가스실 등에서 죽였다.

　베를린 훔볼트Humboldt 대학교 앞 베벨광장Bebelplatz은 1933년 5월 10일 나치 정권이 자행한 분서焚書의 장소이다. 광장의 이름은 독일사회민주당의 공동창립자인 베벨August Bebel(1840~1913)의 이름을 딴 것이다. 베벨광장의 지하에 빈 서가를 세워둔 기념물을 만날 수 있다. 광장 바닥에 유리로 덮인 천정 밑으로 보이는 텅 빈 흰색의 서가들이 그것이다.

한국의 대다수 도시들은 건축비의 1%를 조형물에 투자해야 한다는 조례가 도입된 이래 적지 않은 조형물들을 설치하고 있다. 그러나 북한과 마주한 접경지역에는 고층 건물이 들어서지 않기 때문에 의무적으로 조형물을 설치하지는 않는다.

그럼에도 불구하고 통일을 테마로 하여 조성된 잘 알려지지 않은 예술 공원 하나가 김포 조각공원이다. 김포 월곶면에 위치하고 있는데, 이런 저런 작품들이 전시되어 있다. 또 DMZ 남방한계선에 인접한 양구 두타면에도 조각공원이 있다.

파주시 문산읍 마정리/사목리 일원의 임진각은 1972년 남북공동성명 발표 이후 개발된 곳이다. 임진각 한쪽 구석에 조성된 평화누리에는 조각설치가 최평곤의 작품 '통일부르기'가 2007년부터 설치되어 있다. 거의 동일한 작품이 다른 접경지역인 포천 산정호수에도 설치되어 있다.

임진각은 관광객이 많이 찾는 곳으로 6.25전쟁 중 피폭된 경의선 증기기관차, 6.25전쟁 당시 북한에 잡혔다가 남한을 선택한 포로들의 귀환을 위해 임진강에 임시로 개설했던 자유의 다리가 있다. 또한 도라산역, 도라산 전망대, 제3땅굴 등을 방문하기 위한 출입수속 장소이기도 하며 통일과 평화 관련 각종 문화 행사가 개최되는 곳이다.

노무현 정부의 통일부가 작가 이반에게 2005년 의뢰하여 2007년 완성한 벽화를 도라산역에 설치하였는데, 이명박 정부의 통일부가 그 벽화를 2010년 봄 소각해버렸다. 이념적 색깔이 가미된 어두

_ 김포 조각공원의 작품(위) | 임진각의 작품(오른쪽) |
양구 조각공원의 작품(아래)

_ 남양루 영화촬영소의 JSA 세트

운 민중화라는 이유에서였다고 한다. 작가는 아무런 협의 없이 소
각한 데 대해 손해배상 소송을 제기하였는데, 2012년 3월 1심에서
패소했지만 그해 12월 2심에서 1,000만 원의 위자료를 지급하라는
일부 승소 판결을 받았다. 벽화의 의뢰와 소각은 수많은 모순된 통
일정책의 한 예일 뿐이다. 북한이 바뀐 것은 하나도 없는데 남한 정
권에 따라 통일정책 변동이 큰 것은 건강한 통일에 결코 도움이 되
지 않는다.

　　분단을 소재로 많은 영화가 제작되고 있다. 흥행에 성공한 영
화만 해도 〈태극기 휘날리며〉, 〈실미도〉, 〈웰컴 투 동막골〉, 〈베를
린〉, 〈은밀하게 위대하게〉, 〈쉬리〉, 〈공동경비구역 JSA〉 등이 있
다. 영화 JSA의 판문점 장면은 남양주종합촬영소(구 서울종합영화
촬영소)의 판문점 세트에서 촬영되었고, '돌아올 수 없는 다리' 장면
은 충청도에 있는 비슷한 모습의 다리에서 촬영되었다. 상업주의에
의한 사실 왜곡은 경계해야 하지만, 관심 제고는 필요하다.

_ 첫 DMZ 현장 학술토론회(1996년)(왼쪽) | 첫 DMZ 현장 방송토론회(2008년)(오른쪽)

　　독일의 통일 소재 예술문화가 과거 분단을 회고하는 것이라면, 한국의 분단 소재 예술문화는 현재진행형 분단을 다뤄 미래 통일을 지향하는 방식이라고 말할 수 있다.

　　DMZ 현장 토론회도 그런 문화 행사에 속한다. 1996년 양구군 해안면 제4땅굴 앞에서 개최된 최초의 DMZ 현장 토론회 이래 수많은 행사가 열리고 있다. DMZ라는 분단 현장을 눈앞에 두고 진행되는 통일 담론은 추상적인 탁상공론식 색깔논쟁을 극복하는 소통의 자리이기도 하다. 다만 DMZ가 변한 게 없어서 그런지 20년 내내 거의 똑같은 말만 반복되고 있어 아쉽다.

4

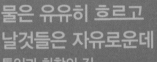

물은 유유히 흐르고
날것들은 자유로운데
통일과 화합의 길

발트해 분단선
VS
NLL
-바다의 분단

_동서독의 발트해 경계선

1945년 패전 독일을 분할 점령하기 위해 설정된 동
서독 분단선은 바다에 설정될 이유가 없었
다. 당시 발트해는 분할 점령할 대상이 아니었기 때문이다. 1974년
6월 동서독 정부는 육상 경계선을 연장하는 8마일 해상 경계선에 합
의하여 10월 발효하였다. 이러한 조치는 발트해의 해로海路를 우회
적으로 만들지 않았다.

동독 정부는 분단선으로부터 시작한 15km 연안선을 방어선
Schutzgebiet으로 지정하여 접근을 제한하였다. 동서독 분단선 인근
지역뿐 아니라 나머지 연안지역인 폴란드 국경선까지의 발트해 연
안에서도 동독 국경경찰은 쾌속선을 동원하고 감시탑 등을 설치하
여 동독 주민의 탈출을 막았다. 동독 주민들은 덴마크의 게저Gedser
항구, 트라페Trave강 서안의 서독지역, 발트해의 서독 해안지역, 덴

_ 오두산 전망대 앞 한강 하구

마크 남부 섬 등으로 탈출을 시도하였다. 어떤 경우엔 국제여객선의 구조를 바라고 선박이 통행하는 바다 뱃길로 탈출하기도 하였다. 동독 선박이 덴마크 항구에 정박해 있을 때 선박에서 바다로 뛰어 내리기도 했다. 발트해를 이용해 탈출하려다 적지 않은 동독인들이 사망했다. 동독 정부는 동독 여객선에 무장 경찰Transportpolizei; Tropos을 배치하고 동독 주민의 여행을 제한하였다.

※ ※ ※

남북한 바다 분단선의 답사는 한강 하구에서 시작해야 한다. 오두산 통일전망대 앞에서 한강은 임진강과 합수한 후 김포 애기봉愛妓峰 전망대 앞을 지나 바다로 나간다.

애기봉은 병자호란 때 평양 감사를 잊지 못한 기생의 이야기가 전해 내려오는 곳이다. 병자호란 때 평양감사가 사랑한 애기愛妓는 강을 건너 김포 조강리 마을로 피난했지만 감사는 한강을 건너지 못하고 개풍에서 잡혔다고 한다. 피란한 기생이 피란하지 못한 북

쪽의 감사를 그리워하다 죽어 묻힌 곳이 현재의 애기봉이라고 한다. 1966년 당시 박정희 대통령이 애기 사연은 곧 남북한 이산가족 사연이라 하면서 애기봉이라는 친필 휘호 비석을 남겨 오늘까지 전해지고 있다. 북쪽과 거리가 1km 정도밖에 되지 않는 곳으로 1980년대 만들어진 북측의 선전마을도 보이고, 탈북방지용 북측의 전기철책으로 추정되는 장애물도 보인다. 망배望拜단이 설치되어 실향민이 가끔 찾는 곳이기도 하다.

애기봉에서는 관산반도를 끼고 내려오는 임진강과 김포반도를 끼고 나오는 한강의 만남을 볼 수 있다. 큰 호수처럼 되어 있는 이 유역은 독수리, 개리, 재두루미 등 각종 조류의 서식지이지 인간의 영역은 아니다. 정전협정 제5항에는 남북의 공동수역으로 되어 있지만 현실은 남북의 금지수역이다.

애기봉 전망대에서 서쪽으로 위치한 유도留島는 강화도 연미정에서 잘 보인다. 백로류와 해오라기의 대단위 번식지라 학섬으로도

_ 강화 연미정 앞 한강 하구

불리고 뱀이 많다 하여 뱀섬으로도 불리는 작은 섬이다. 1996년 홍수에 떠내려 오다 유도라는 이름 그대로 그 섬에 머물게 된 소를 이듬해 구출하기도 했다.

한강이 임진강을 만나는 지점부터 인천광역시 강화군에 이르는 한강 하구 수역에는 MDL이 설정되어 있지 않고 남측 강안과 북측 강안이 각각 다른 일방의 통제하에 있을 뿐이다. 한강 하구에서 쌍방의 비무장 민간 선박은 항행할 수 있고 자기 측 군사 통제하에 있는 육지에 정박할 수 있다고 정전협정 제5항은 규정하고 있다.

한강 하구 수역을 DMZ도 아니고 NLL도 아닌 별개의 지역으로 보는 견해도 있다. 정전협정 제25~27항에서 '비무장지대와/나 한강 하구the Demilitarized Zone and/or the Han River Estuary'로 표현되기 때문에 한강 하구를 DMZ와 완전 동일시하고 있지는 않다.

만일 한강 하구 수역이 DMZ와 완전 별개라면, DMZ에서의 적대행위를 금지시킨 제6항은 한강 하구 수역에 적용되지 않고 따라서 한강 하구 수역에는 적대행위를 허용한다고 과잉해석하게 만들 수도 있다. 한강 하구를 정의하고 있는 제5항은 '군사분계선과 비무장지대' 제목의 제1조에 포함되어 있는 반면, 백령도, 대청도, 소청도, 연평도, 우도 등 서해 5도에 관한 제13항 ㄴ목은 '정화 및 정전의 구체적 조치'라는 제목의 제2조에 포함되어 있다. 원칙적으로 DMZ 관련 내용은 한강 하구 수역에도 그대로 적용되기 때문에 한강 하구 수역을 DMZ와 별개로 구분할 이유가 없다.

1953년 10월 3일 군사정전위원회 제22차 회의에서 비준된 '한강 하구에서의 민용 선박 항행에 관한 규칙 및 관계사항' 제4조는 사민(민간인) 출입에 관한 조항(제9항, 10항, 13항 ㄱ목)을 제외한 DMZ 적용 모든 정전협정 조항은 한강 하구 수역에도 적용된다고 명시하고 있다. 또 10월 합의는 남북의 통제지역과 한강 하구 수역 간의 경계선을 밀물 때 강과 뭍이 만나는 선으로 하고, 상대의 통제 수역 및 강안뿐 아니라 상대의 경계선으로부터 100m 이내에 들어가지 못한다고 규정하고 있다.

한강 하구 수역은 민간인 출입 측면에서 DMZ와 조금 다른 것이 사실이지만 비무장 중립 조항이 적용되는 DMZ에 포함되어야 한다. 1976년 9월 중순까지 JSA 내에서는 경비 병력이 MDL을 넘어 상대 구역으로 들어갈 수 있었고, 1976년 9월 이후에도 JSA 안의 MDL 상에 놓여 있는 공동 건물 안에서는 쌍방이 자유로이 이동할 수 있으며 쌍방의 비非군사 인원은 JSA 안에서 MDL을 넘어 자유로이 다닐 수 있도록 하고 있다. 정전협정 제7항이 DMZ 내에서 MDL을 통과하지 못한다고 규정한다고 해서 JSA가 DMZ에 포함되지 않

_ 강화 평화전망대 앞 한강 하구

는다고 말하지는 않는다. 마찬가지 논리로 정전협정 제5항이 한강 하구 수역에서 민간 선박이 항행할 수 있다고 규정한다고 해서 한강 하구 수역이 DMZ에 포함되지 않는다고 말할 수 없다. 정전협정 규정과 관계없이 실제로는 JSA나 한강 하구 수역에서 민간인의 자유로운 이동은 보장되지 않고 있다. 따라서 JSA와 한강 하구 수역 모두 특수한 DMZ로 보는 것이 타당하다.

비무장 선박의 출입 개방 조항에도 불구하고 한강 하구 수역의 출입은 별로 없었다. 1990년 교동도에서 김포까지 항행한 골재 채취용 선박, 1996년 집중호우 때 북한에서 유도로 떠내려 온 소를 이듬해 구조한 해병대 선박, 2005년 용산 이촌동에서 경남 통영 한산도로 항행한 거북선 등 몇 사례에 불과하다. 서울 한강시민공원 이촌 지구에 정박해 있던 거북선은 한강 하구를 지나 강화해협을 통과하여 경남 통영으로 갔다. 한산대첩 전승지인 통영 한산도에서 거북선을 전시하기로 서울시와 통영시가 합의한 것에 따른 것이지만, 이동에는 북한의 동의도 있었다. 전쟁 이후 첫 민간인 선박의 운항이었으며 간단한 수로 측정도 실시되었다. 조선시대와 일제강점기 때 여러 선박들로 번화했던 한강 하구 수역의 모습은 이제 볼 수 없고, 흐르는 강물 위에도 분단의 선은 엄존하고 있다.

교류 또는 협력은 당사자의 의지에 따라 크게 좌우된다. 만일 당사자의 의지에 관계없이 항시 가거나 오는 것이 있다면 교류와 협력의 가능성은 증대된다고 할 수 있다. 남북한 간에 항시 이동하는 대표적인 존재는 강물이다. 물을 매개로 하여 상호이익을 가져다주는 협력은 물이 갑자기 사라지는 것은 아니기에 그 협력이 지속되기도 쉽다.

한반도 서해와 동해의 항로는 직선이 아니다. 인천에서 백령도로 가는 항로는 북한 지역으로부터 멀리 떨어져 운행되고 있고, 또 선박으로 금강산관광을 가던 항로도 북한 군사시설의 보안 때문에 해안을 따라가는 직선 항로가 아니었다. 과거 남한의 동해안과 서해안 및 도서에는 철책선이 설치되어 있었다. 북한의 남파 간첩 상륙을 방지하기 위해서였다. 오늘날 해안 철책은 대부분 철거되었다. 바다에는 철책선이 없지만 접근이 허용되지 않는 경계선이 있다. NLLNorthern Limit Line과 NLL에 기초하여 다양한 거리에서 다양한 이름으로 불린 어로한계선어로저지선; 어로허용선이다.

전쟁이 한창이던 1952년 9월 마크 클라크 유엔군사령관은 해상봉쇄선클라크 라인을 설정했다. 정전협정 체결 직후인 1953년 8월 클라크 라인이 철폐되고 대신 NLL이 설정되었다. 백령도를 기점으로 한 42.5마일의 서해 NLL뿐 아니라 저진 기점으로 218마일의 동해

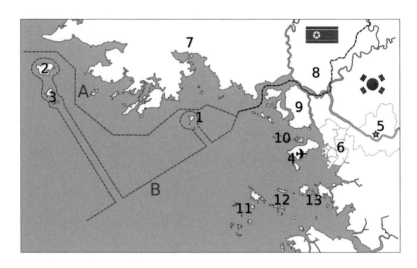

_ 서해의 NLL과 북한 주장 경계선(Amble, 玖玎仔 and Tomchen)

NLL도 있다. 총 260.5마일의 NLL은 총 155마일의 DMZ보다 더 길다. 지도에서 점선 A가 서해 NLL이다.

　1953년 한반도 정전협상에서는 영해선 획정보다 비무장과 휴전이 주목적이었기 때문에 동해와 서해에 군사분계선을 꼭 설정하려고 하지 않았다. NLL은 MDL군사분계선도 아니고 DMZ비무장지대도 아니다. 정전협정에 의한 군사분계선 표식물 가운데 가장 서쪽에 있는 제0001호는 임진강변에 서있다.

　정전협정은 해상 경계선에 대해 규정하지 않았다. 정전협정 제13항은 1950년 6월 24일 당시 상대방이 통제하고 있던 연해도서 및 해면으로부터 군사력을 철거해야 하는데, 단 황해도와 경기도의 도계道界선 북쪽과 서쪽에 있는 모든 섬 중에서 백령도, 대청도, 소청도, 연평도, 우도 등 국제연합군 통제 도서군島嶼群을 제외한 기타 모든 섬은 조선인민군과 중국인민지원군의 통제하에 두고, 서해안에 있어서 상기 경계선 이남의 모든 섬들은 국제연합군 통제하에 남겨둔다고 규정했다.

서해 5도는 백령도, 대청도, 소청도, 연평도, 우도를 일컫는 말이다. 지도에서 2번이 백령도, 3번이 대청도와 소청도, 1번이 연평도, A선과 B선이 만나는 지점이 우도이다.

백령도는 1945년 미소 군정 실시 직후 소련 군정하의 황해도 장연군 관할을 받다가 38선 이남이라는 사실이 알려진 후 곧 남측의 경기도 옹진군에 속하게 되었다. 1990년대 중반부터 현재까지 백령도는 인천광역시 옹진군 백령면이다. 백령도는 광역자치단체 시청 소재지인 인천보다 평양에 더 가까운 곳이다. 인천으로부터는 직선거리 173km이고, 평양으로부터는 143km 떨어져 있다. 북한 옹진반도나 장산곶에서 한두 시간 거리이다. 주민들의 말투도 인천이 아닌 황해도 사투리이다. 1·4 후퇴 때 북한에서 피란 온 실향민과 자손이 다수를 차지하고 있기 때문이다.

백령도는 외곽지역에 있는 것으로 느껴지지만, 중국 대륙과의 연결 통로 가운데 하나였다. 일제의 대륙진출 병참기지 및 통신 전진기지였으며, 기독교가 중국으로부터 전파되기 시작한 곳이다. 1890년대 말 설립된 중화동교회는 한국 교회사에서 두세 번째로 오래된 것으로 기록되고 있다.

서해 5도 가운데 백령도 다음으로 유명한 곳이 연평도이다. 황해도 해주 시내가 육안으로 보이는 전망대가 있지만, 연평도는 관광보다는 꽃게잡이 철마다 남북한 간의 NLL 분쟁으로 유명한 곳이다. 어민들은 허가된 어로조업구역이 너무 좁은 데다가, NLL 쪽으로 조금만 들어가도 어획고가 늘기 때문에 어업이 허용된 경계선을 자주 넘게 된다. 정전협정 제15항에서는 정전협정이 일체 해상 군사력에 적용되며 해상 군사력은 DMZ와 상대방의 육지에 인접한 해면을 존중하고 어떠한 봉쇄도 하지 못한다고 규정하였다.

북한은 유엔군의 NLL 설정을 수용하고 별다른 이의제기를 하지 않았다. 그러다가 1970년대 12해리 영해가 일반화되면서 문제삼기 시작했다. 백령도, 대청도, 소청도, 연평도와 북한 내륙 간의 경계선은 중간지점이 되겠지만 북한 옹진반도의 구월봉 남단, 즉 소청도와 연평도 사이의 수역에는 남측이 점유하고 있는 도서가 없기 때문에 북한의 영해가 NLL보다 훨씬 남쪽에 위치하게 되는 것이다. 그러면서 북한은 1973년 10월부터 11월까지 43회에 걸쳐 서해 NLL을 의도적으로 침범하였다. 1973년 12월 군사정전위 346차 본회의에서 북한은 황해도-경기도의 경계선을 연장한 선의 이북 해역은 북한의 연해이고 따라서 서해 5도 출입은 북한 당국의 사전 승인을 받아야 한다고 최초로 주장하였다. 그러다가 남북한은 1992년에 체결된 남북기본합의서 및 불가침부속합의서를 통해 쌍방의 관할구역을 인정했다고 볼 수 있다.

1991년 12월 남북총리급 회담에서 서명 교환한 '남북 사이의 화해와 불가침 및 교류 · 협력에 관한 합의서' 제11조에서 "남과 북의 불가침 경계선과 구역은 1953년 7월 27일자 군사정전에 관한 협정에 규정된 군사분계선과 지금까지 쌍방이 관할하여 온 구역으로 한다"고 규정하였다. 1992년 9월 남북총리급 회담에서 서명 교환한 '남북 사이의 화해와 불가침 및 교류·협력에 관한 합의서의 제2장 남북 불가침의 이행과 준수를 위한 부속 합의서'에서는 남과 북의 지상불가침 경계선과 구역은 군사정전에 관한 협정에 규정한 군사 분계선과 지금까지 쌍방이 관할해 온 구역으로 하고(제9조), 해상불가침 경계선은 앞으로 계속 협의하되 해상불가침구역은 해상불가침 경계선이 확정될 때까지 쌍방이 지금까지 관할해 온 구역으로 하며(제10조), 공중불가침 경계선과 구역은 지상 및 해상 불가침 경계선과 관할구역의 상공으로 하는 것(제11조)으로 규정하고 있다.

NLL은 정전협정 당사자나 남북한이 공식적으로 합의한 경계선은 아니지만, "쌍방이 지금까지 관할해 온 구역"에 따른 경계선이다. NLL 외에 효력 있는 남북한 해상 분단선은 현재 존재하지 않는다. 북한은 NLL이 준수되지 않고 있기 때문에 무효라고 주장하지만, 북한은 동해 NLL 기준으로 자국 영해가 침범 당했다고 하여 남측 선박에 포격하기도 했고 남측 어민을 납치하기도 했다. 1967년 북한의 포격에 의해 침몰한 당포함이 대표적 예이다. 남한 어선의 어로저지선 월경을 저지하던 남한 해군 초계함 당포함이 북한 해금강 수원단의 해안 포대에 의해 격침되었다. 위도선과 나란히 가는 동해 NLL 기준 대신에 해안선에서 수직으로 바다로 뻗어가는 경계선 기준을 적용하면, 북한 영해를 침범했다는 사례 가운데 영해 침범이 아니게 되는 사례가 있다.

또 북한이 NLL을 침범하였기 때문에 북한은 NLL을 인정한 적이 없다는 주장도 그 근거가 약하다. 북한은 서해 NLL뿐 아니라 동해 NLL 역시 잠수함이나 간첩선으로 수차례 침범한 적이 있지만, 동해 NLL 설정 구역을 실제로 인정하고 있는 것이다. 1984년 북한의 수해물자 지원 시 접촉지점을 NLL 선상으로 하기로 합의했고, 2002년 및 2003년에 나포·좌초된 북한 선박을 NLL 상에서 북한에 인계한 바 있다.

2000년 3월 북한은 서해 5도를 북측이 설정한 두 개의 수로로 통항하라는 '서해 5도에 대한 통항질서'를 발표했다. 그러한 와중에 1999년 6월의 제1차 연평해전에서 북한은 6척의 손실을 입었고, 2002년 6월 제2차 연평해전에서 남측에게 보복성 도발을 가해 남측이 인명피해를 입었다. 2009년 대청해전, 2010년 천안함 폭침과 연평도 포격 등으로 이 지역의 불안은 지속되고 있다.

NLL을 해상 경계선으로 고수하는 방안이나 또는 북한 연안까지 포함해서 하천과 바다를 비非군사 인원에 개방하는 방안 가운데 선택해야 할 것으로 보인다. 후자는 NLL 이남뿐 아니라 이북까지 비무장하고 평화적으로 활용하는 방안이다. 어업활동과 관광이 자유롭게 확실히 보장된다면 누구 영해이냐는 것은 부차적일 수 있다.

해양수산부는 동해 북위 38도 15분과 38도 59분 사이, 즉 NLL(북위 38°37′00.68″)을 중심으로 하는 남북한 공동어로 수역 설정을 계획한 바 있다. 동해와 서해의 남북한 경계 수역에 많은 어획량이 기대되기 때문에 공동어장의 필요성은 크다.

남북해운합의서(2004.5.28), 남북수산협력 실무협의회 제1차 회의 합의서(2005.7.27), 제5차 남북해운협력 실무접촉 공동보도문

(2005.8.10) 등이 체결되었지만 더 실질적인 협력이 이루어져야 한다. 한강 하구 수역의 규정을 준용해서 북한 앞바다를 포함해 동서해 전 지역을 비무장 선박이 자유 통행할 수 있도록 하는 것이다. 즉 하나의 선으로 획정되는 분단 개념보다는 함께 활용하는 공유共有 개념으로 남북한 경계선 문제에 접근해야 할 것이다.

엘베강(분단선)
VS
북한강(끊어진 물길)

_ 왼쪽의 동독과 오른쪽의 서독으로 나눈 엘베강

동서독 분단선을 거치는 큰 하천은 세 개이다. 북해로 가는 엘베Elbe 강, 엘베강의 지류인 잘레Saale 강, 북해로 가는 베세르Wesser 강 지류인 베라Werra 강 등 세 가지이다. 베라강은 서독을 향할 때 동독을 한 차례 더 들러 흐르는 강이다. 이 가운데 엘베강은 동서독 분단선을 따라 약 100km를 흐른다.

하천지역 경계선에 대해 동서독은 다른 입장을 가졌다. 서독과 서방동맹국들은 경계선이 동쪽 강둑을 따라 지난다고 주장했다. 이에 대해 동독과 소련은 타알벡원칙Talweg principle 에 의해 하천 중간

지점이 경계선이라는 주장을 했다. 타알벡은 골짜기tal의 길weg이라는 뜻의 독일어로, 강물이 가장 적을 때 하류로 항행하는 선박에게 가장 좋은 수로水路가 경계선이 되어야 한다는 원칙이다. 항행이 불가능한 하천에서는 양쪽 둑에서의 중앙선으로 대체된다.

실제로는 동서독이 하천을 각각 절반씩 관리하였는데, 항로가 그 경계선을 넘나들며 분쟁거리가 되었다. 동독은 엘베강에만 30대의 쾌속순찰정을 운영하여 동독 탈출을 감시하였다. 동독 쪽 둑에는 철조망이나 콘크리트 장벽을 설치하였다. 엘베강 위의 교량들은 제2차 세계대전 때 파괴된 채로 방치되었고 파괴되지 않은 교량의 통행은 봉쇄되었다.

※ ※ ※

한반도에서는 여러 하천들이 남북한을 관통하고 있다. 백두대간 동쪽의 남강은 남북한이 하류와 상류로 구분되지 않는 하천이다. 남강 본류는 북한에서 발원하여 DMZ로 들어간 후 약 20km 거리를 흘러 다시 북한으로 돌아들어 동해로 빠진다. 남한에서 발원하여 남강으로 합류되는 지천에서 보자면 남한에서 북한으로 물이 흐르는 것이다.

정전협정 제11항은 비무장지대 내의 두 지점이 도로로 연결되지 않아 상대 지역을 통과해야 왕래할 수 있다면 그 상대 지역을 통과할 수 있다고 규정하고 있다. 금성천이나 남강이 MDL과 서로 꼬이면서 지나는 지역에서는 강과 MDL로만 둘러싸이는 구역이 생긴다. 이 구역에서 자기 관할 구역과 연결되는 교량이 없는 경우엔 MDL 월경이 허용되는 것이다.

MDL이 강 중앙을 통과하는 지역에서는 MDL 표식물이 강에 설치될 수 없었고 강안江岸에 설치되었다. 그런데 정전협정에 의해 지정된 표식물 관리자가 실제적으로 그 지역 관리자와 다른 경우가 발생했다. 1958년 군사정전위원회는 강안을 관리하는 측이 그 지역에 설치되어 있는 MDL 표식물을 보수하고 유지하기로 합의하였다. 이 합의에 포함된 강은 임진강, 북한강

_ 말고개 금성전투 전적비

北漢江, 금성강이다.

승리전망대에 갈 때 이용하는 김화(철원) – 산양리(화천) 간 도로를 달리면 말고개라는 고개를 넘게 된다. 말고개에는 임진왜란 때 왜장이 고개를 넘지 않으려는 말을 베었다가 나중에 큰 화를 입었다는 전설이 전해 내려온다. 말고개 정상에는 금성지구전투 전적비가 세워져 있다. 또 1996년 집중호우 때 사망한 인근 사단의 장병 23인의 넋을 기리는 추모비도 함께 세워져 있다.

분단된 하천은 이 말고개에서 시작된다고 말할 수 있다. 남북한을 관통하는 임진강과 한강은 이 말고개에서 서와 동으로 각각 나뉜 후 다시 김포 앞 하구에서 만난다고 보면 된다. 말고개 서북쪽의 남대천 줄기가 한탄강 그리고 다시 임진강으로 연결되고, 말고개

_ DMZ 안의 금성천

동북쪽에서는 금성천 지류들이 북한강으로 합류하여 양수리에서 남
한강과 만나 한강을 이루기 때문이다.

금성강은 금성천으로도 불린다. 북한(일부 지천은 남한)에서 발
원하여 군사분계선을 한 번 넘어오지만 DMZ 남방한계선까지는 미
치지 않고 다시 북한으로 되돌아가 북한강으로 합류한다.

금성천은 6.25전쟁의 격전지 가운데 하나이다. 동서로 펼쳐진
전선戰線에서 남측이 북쪽으로 깊숙이 들어가 장악하던 곳이라 휴전
직전 중공군의 총공세를 받았다. 금성천 북쪽까지 장악하고 있던 남
측은 중공군의 집중 공세로 후퇴했다가 곧 금성천 남쪽을 수복하였
다. 이 전투로 양측의 인명 피해가 많았다. 지금은 말고개 정상에 세

워진 금성지구전투 전적비만이 말없이 이를 기록하고 있을 뿐이다.

금성천 주변의 전투는 1953년 7월 27일 밤10시까지 2년이 넘는 동안 일진일퇴가 반복되었다. 7월 27일 밤 10시에 총성이 멈추고 난 다음날 금성천 전선에는 전날 장대비 속에서도 들렸던 총포소리 대신 사람들의 함성 소리가 메아리 쳤다. 다양한 피부색의 200여 명 군인들이 삼복더위에 아군 적군 구분 없이 물속에 뛰어들어 목욕하면서 저지르는 함성이었다. 이 광경은 당시 국군 정보문관 지홍운 옹이 직접 목도하여 전해졌다. 전날까지 총부리를 겨누고 싸우다가 휴전하는 날 적군과 함께 목욕하는 이 장면에서 비록 참혹하고 치열한 전쟁일지언정 개인과 개인 간 화해는 쉬울 수도 있음을 본다. 오늘날 금성천에서는 북한군 병사들의 목욕 장면을 가끔 볼 수 있을 뿐이다.

일반적으로 북한강 발원지는 회양군 련대봉으로 알려져 있다. 북한강 발원지에 관해서는 련대봉이라는 주장뿐만 아니라 금강군 먹포령이라는 주장, 그리고 금강군과 창도군의 경계에 있는 옥발봉 玉田峰; 옥밭봉이라는 주장도 있다.

북한은 댐을 제방이라는 뜻의 언제堰堤로 부른다. 여러 댐을 북한강 상류와 임진강 상류에 건설했다. 특히 산을 관통하는 지하수로를 만들어 전력을 생산한 뒤, 남한으로 물을 흘려보내지 않고 바다로 물을 빼내기도 한다. 북한강 북한 쪽 상류에 임남언제가 설치되었다. 남한에서 금강산댐으로 부르는 댐이다. 금강산댐을 관측할 수 있는 남측 지역은 백암산 정상 정도나 가시거리가 길 때에만 겨우 볼 수 있을 뿐이다.

남한은 거의 매해 수해를 겪어 왔는데, 최근 들어 수해보다 가뭄이 더욱 심각한 문제가 되고 있다. 특히 북한이 2000년에 완공한 금강산댐이 북한강을 차단하여 동해로 보내버리는 바람에 북한강의 유입 수량이 급격히 감소했다.

하천을 기준으로 한 상류국가와 하류국가는 그 하천 자체가 분쟁의 원인으로 작용하기도 한다. 하천 상류국가는 물줄기를 막거나 아니면 물을 오염시켜 하류국가에 피해를 줄 수 있으며, 반면에 하천 하류국가는 댐을 건설하여 상류지역을 수몰시켜 상류국가에 피해를 줄 수도 있다.

북한 금강산댐으로 남한의 물 부족 문제가 심각해졌기 때문에 이러한 북한의 비협조에 대해 국제법과 관례에 따라 대응해야 한다는 주장도 있다. 또 남한의 댐 담수로 북한 지역 일부를 수몰시켜 전방에 배치된 북한의 병력·화력을 후방으로 밀어내어 전쟁억지 효과를 볼 수 있다는 의견도 있다. 이에 대해 남북한 관계의 특수성을 강조하여 국제법적 접근에 반대하는 의견도 있다. 즉 북한과의 협력을 통해, 유로 변경과 용수 확보 등의 결과를 얻도록 정치적으로 접근해야 한다는 주장이다.

만일 적정량의 물이 금강산댐에서 방류된다면, 평화의 댐과 금강산댐을 연결하는 내륙 수운도 가능할 것이다. 금강산 해로 관광처럼 격리되고 통제 가능한 수송수단이 되는 셈이다. 나아가서 금강산 해로 관광과 육로 관광에 이어 수로 관광이 개발될 수도 있을 것이다. 남북한이 상호 협력적이라면, 남한 수도권의 가뭄 시 북한이 금강산댐 저수량의 일부를 평화의 댐으로 방류하여 가뭄을 해소

시킬 수도 있을 것이다. 북한이 평강군의 봉래호 용수를 남측 철원군으로 공급하는 것도 고려대상이다. 이를 위해서는 남북한 수자원 관리센터와 남북한 내륙수운터미널 등의 시설이 건립되어야 하는데, 무엇보다도 북한의 의지가 가장 중요하다.

북한강 유역의 금강산댐과 평화의 댐을 남북한 양측이 효과적으로 이용하자는 사업은 다른 사업과 비교하여 혜택이 크지 않기 때문에 실현가능성이 높지 않을 수 있다. 이미 금강산댐 건설에 든 비용과 또 금강산댐 활용에서 오는 효과를 감안하면, 북한에게 현재의 활용계획을 포기하라는 것은 큰 기회비용 부담을 강요하는 것이다. 따라서 북한으로서는 금강산댐 활용계획의 변경에 대해 당연히 많은 것을 요구할 것이다.

_ 북한강 DMZ 남방한계선 오작교

　　거래란 쌍방이 손해 보지 않고 이익이 되어야 성사되는 것이다. 금강산댐과 관련된 남북한 협력에 드는 비용이 그 협력으로부터 파생되는 효과보다 크다면 궁극적으로 협력은 실현되지 않는다.

　　금강산댐으로 인해 유량이 준 북한강은 금성천과 합류한 직후 MDL을 넘어 200m 정도를 흐르다가 다시 MDL 북쪽으로 200m 정도 돌아 다시 남쪽으로 쭉 흐른다. 북한강은 DMZ 남방한계선 오작교鳥鵲橋를 관통하는데, 오작교 상류의 하천은 DMZ에 속한다.

　　오작교 다리 밑을 내려다보면 강을 거슬러 올라가는 천연기념물 제190호 황쏘가리를 다수 발견할 수 있다. 황쏘가리는 체표면의 색소포가 퇴화된 돌연변이형 쏘가리이다. 오작교부터 평화의 댐까지의 황쏘가리 서식지는 2011년 천연기념물 제532호로 지정되었다.

서부지역에 비해 개방이 덜 되 오염되지 않은 북한강 상류에는 한국 고유종이 많다. 남한 담수어류 가운데 토종어 비율은 25% 내외인데, 북한강 상류는 이보다 훨씬 높다.

가끔 북한강에는 북쪽에서 떠내려 오는 물건들이 발견된다. 북한의 금강산댐(임남댐) 및 남한의 평화의 댐 공사로 인한 수위 및 유속의 변화는 어류 생태에 큰 영향을 준다. 수위 및 유속에 따라 서식 어류가 다르기 때문이다.

평화의 댐은 만들 때도 그랬거니와 보완할 때마다 화천댐의 물을 뺀다. 물이 빠지면서 수상리 일대의 생태가 조사되었는데 조사 때마다 다른 생태를 보여주었다. 사람의 발길이 많이 닿지 않는 DMZ 인접 지역의 환경 생태도 변하게 되어 있다. 그것이 다윈 Darwin식 진화의 법칙에 의해서이든 또 다른 법칙에 의해서든 변화는 기본적인 것이다. 다만 구체적 종은 바뀌어도 청정 지역에만 서식하는 동식물들이 계속하여 서식하고 있다.

북한강이 서쪽의 백암산과 동쪽의 백석산을 사이로 흘러내려 오면 큰 인공구조물을 만난다. 평화의 댐이다. 평화의 댐은 행정구역상 화천군 화천읍 동촌리에 속한다. 2002년 초 금강산댐 상부의 붕괴가능성이 거론되자 2단계 증축공사가 추진되어 2005년 11월 2단계 증축공사가 완공되었다. 평화의 댐의 담수능력은 26억 톤으로 소양강댐과 충주댐에 이은 국내 세 번째 규모이고, 125m의 높이는 국내 최고다. 집중호우와 금강산댐 붕괴로 인한 홍수를 대비하는 용도이다. 댐에 물을 채워 활용하는 방식이 아니라 짧은 시간에 유입된 유량을 완충하도록 여러 배수구들이 배치된 형태다. 담수를 하여 용수 공급 및 전력 생산이 가능하나, 댐 상류지역의 수몰로 인한 생태 훼손 및 금강산댐 훼손의 우려로 추진되지 않고 있다.

평화의 댐 건설은 시작부터 많은 논란이 있었다. 서울 63빌딩의 절반이 물에 잠긴다고 북한의 수공 위협을 과장하여 1987년부터 652억 원의 국민성금을 모금하고 1988년 1단계 공사가 완공되었던 건축물이다. 그러한 과장이 밝혀진 이후에는 안보적 효과를 깡그리 무시하는 식으로 국민적 분위기가 바뀌기도 했다. 정권의 위기를 외부 위협으로 잠재우는 이른바 속죄양가설scapegoat hypothesis 또는 전환이론diversionary theory에 근거한 정치공학이었던 것이다.

늑대가 온다고 여러 차례 거짓말하다 불신을 받아 실제 늑대가 왔을 때 아무런 도움을 받지 못한 늑대 소년처럼, 국내 정치적 목적으로 안보 위협을 과장하게 되면 장기적으론 국가적 차원뿐만 아니라 위정자 자신에게도 결코 바람직하지 않다. 안보 위협이 과장되었다 하여 안보 위협이 전혀 없다고 단정하는 것도 잘못된 것이다. 안보 위협은 과장되어서도 안 되지만 마찬가지로 무시되어서도 안 된다.

앞으로의 평화의 댐 활용은 다양하게 검토될 수 있다. 평화의 댐과 금강산댐이라는 두 댐의 높이와 해발 높이를 계산해 보면 두 댐 간의 관계뿐만 아니라 남북한 수계 협력과 갈등의 여러 가능성을 유추할 수 있다.

평화의 댐으로 만들어진 호수에는 이름이 없다. 청평호, 의암호, 춘천호, 소양호 등 거의 모든 인공호수의 이름이 댐 이름과 일치하고 있는데, 그런 원칙에 따르면 평화의 댐 상류는 평화호로 불리어야 한다.

화천댐이 건설되기 이전인 1930년대까지만 해도 서울 마포에서 배로 북한 금성金城과 회양淮陽까지 갔다고 한다. 오늘날 서울에서 평화의 댐까지는 여러 댐 때문에, 평화의 댐 상류에는 유실지뢰와 군사적 이유 때문에 북한강을 직접 거슬러 올라가는 것은 불가능하다. 현재 평화의 댐 상류는 얕은 지역들이 많은데, 그럼에도 불구하고 유실지뢰가 곳곳에 있기 때문에 걸어 다닐 수 없다.

평화의 댐에서 흘러내려가는 북한강은 남쪽으로 오면서 수입천과 소양강과 합류한다. 파로호에서 북한강과 합류하는 수입천 그리고 춘천에서 북한강과 합류하는 소양강 모두 그 지류가 북한에서 흘러오는 물길이다. 두타연은 DMZ 남방한계선에 인접한 수입천인데 열목어의 서식지로 알려져 있다.

북한강은 두물머리양수리에서 남한강과 만나 한강이 되고, 한강은 한강 하구에서 임진강과 만난다.

임진강은 남북한 간 협력이 논의된 적이 있는 하천이다. 전곡에서 임진강과 만나는 한탄강도 북한에서 발원한다. 제2땅굴 부근에서 한탄강과 합류하는 남대천도 북한에서 발원한다. 임진강도 상류국가와 하류국가가 구분되기 때문에 분쟁소지가 있다. 강 상류 지역의 물 흐름을 막아 하류 지역에 피해를 줄 수 있고, 반대로 하류지역에서 물을 댐으로 막아 상류 지역에 피해를 줄 수 있다. 북한은 다락 밭이라 비가 오면 빗물이 그대로 강으로 흙과 함께 내려가기 때문에 강에 퇴적물이 쌓이고 따라서 강이 깊지 않아 조그만 비에도 범람하는 악순환이 지속되고 있다. 그럼에도 불구하고 남북한

_ 수입천 상류 두타연

간 하천 협력은 진척되지 않고 있다.

강을 둘러싼 남북한 협력은 수자원 차원뿐만 아니라 다른 차원에서도 접근되어야 한다. 먼저, 강은 역사 문화적인 면에서 중요한 가치를 지니고 있다. 문명과 촌락이 하천을 따라서 형성되기 때문이다. 1987년 평화의 댐을 건설하기 위해 화천댐의 물을 뺀 적이 있는데, 그때 구석기 유적을 비롯한 여러 유적들이 곳곳에서 발굴된 적이 있다. 인구가 조밀했던 임진강 유역과 한탄강 유역에는 많은 유적이 발굴된다. 전곡 선사유적지가 그 대표적 예이다.

경계선을 관통하는 하천은 분쟁의 빌미가 되기도 하고, 동시에 화해협력의 매개가 되기도 한다. 또 협력은 쌍방이 상호 협력에서 이익을 얻을 수 있어야 오래 간다. 현재 남한 지역만을 고려한 치수

_ 임진강 DMZ 남방한계선 필승교

정책은 댐을 건설할 수밖에 없는 입장인 듯하다. 하지만 댐 건설에는 부작용도 매우 크다. 접경 지역에서의 댐 건설은 열목어 등의 희귀 동식물의 멸종을 초래하는 등 생태계를 파괴할 우려가 크다.

더구나 남한에서는 댐 건설 시 지역주민의 반발이 심하다. 물과 환경이라는 자원 보전을 위한 비용을 지역주민에게 강요하는 것보다 수혜자 부담 원칙에 따라 적절한 보상이 선행되어야 함은 물론이다. 그러한 점에서 주민들이 덜 관여된 남북한 경계의 하천에서 공익을 위한 정책추진이 상대적으로 용이하다고 할 수 있다. 남북한 모두에 도움 되는 방향으로 수자원 정책을 추진할 수 있기 때문에 물 협력이 필요하고 가능한 것이다.

내린 비가 산등성이를 기준으로 모인 양이 바로 하천 유입량이

_ 군남댐

다. 예컨대 북한강은 서쪽으로 백암산을 끼고, 동쪽으로 백석산을 끼고 남한지역으로 내려오는데, 각 산등성이를 경계로 한 지역의 강수량으로 하천 유입량을 예상할 수 있다. 남한지역의 강수량은 즉각 관련 댐을 관리하는 부서에 전달되고 있지만, 북한지역의 강수량은 그렇지 못하다. 그러한 강수 정보가 없기 때문에 하천 유입량을 정확히 예상할 수가 없다.

남북한은 서로에게 강수량을 비롯한 각종 기상 정보와 댐 담수량 정보 등을 제공하여야 할 것이다. 나아가서 북한강 유역에 대한 수문 자료 교환, 인력 및 기술 협력, 공동 수자원 조사 및 개발, 수해 공동관리 방안 구축을 강구해야 한다.

엘베강의 약 100km 구간이 분단선에 포함되었던 독일과 달리,

_ 용산 전쟁기념관 전시 한강 하구 모형

남북한 간 MDL은 강을 따라 길게 설정되어 있지 않고 오히려 MDL이 남북으로 흐르는 강을 상류와 하류로 자르는 형국이다. 남북한 분단선이 강으로 획정되어 있는 곳은 한강 하구이다.

길치계곡다리(자발적 합작)
VS
승일교(강제적 합작)

_ 괼치계곡다리

동독 작센Sachsen주의 포크트란트Vogtland 지역은 서독 바이에른Bayern주와 접경한 지역이다. 독일 통일 이후 관광 등 여러 분야에서 지역발전을 도모하고 있다. 벽돌다리가 대표적 볼거리이다. 괼치계곡다리Göltzschtalbrücke는 높이가 거의 80m에 이르고 길이가 거의 600m에 이르는 철도 벽돌다리인데, 들어간 벽돌 수가 거의 2,000만 개로 세계 최대의 규모이다. 근처의 엘스트계곡다리Elstertalbrücke가 세계에서 두 번째로 큰 벽돌다리이다.

괼치계곡다리는 1846년부터 1851년에 걸쳐 준공되었다. 동독의 라이프치히와 서독의 호프Hof를 연결하는 구간이었으나 분단 시절에는 호프까지 연결되지 못했으므로 잘 활용되지 못했다. 지난 150년 동안 적지 않은 사람들이 이 다리 위에서 투신하여 자살 다리로도 알려져 있다. 통일 이후 수송용으로만이 아니라 관광용으로도 활용되고 있다. 통일 이후 교량 개선작업에 유럽연합도 참여하고 있는데 호프까지의 연결은 유럽 전체로의 연결을 의미하기 때문이다. 독일과 유럽이 합작하여 보수하고 있는 것이다.

※ ※ ※

철원 승일교는 한탄강을 건너는 가장 오래된 다리이다. 승일교의 아치는 다리 중간을 기준으로 서쪽과 동쪽이 조금 다른 모양을 하고 있다. 1948년 북한이 공사를 시작하였으나 서쪽 절반만 완성된 상태에서 6.25전쟁이 발발했다. 전쟁이 끝나고 1958년 남한이 나머지 동쪽 절반을 완공하였다. 짧은 다리 하나 완공에 10년이나 걸렸지만 결과적으로 남북한이 합작하여 만든 셈이다. 소련군과 미군 공병들도 관여했기 때문에 남·북·미·소 4국 합작의 다리라고 말하기도 한다.

남한 이승만의 승承자와 북한 김일성의 일日자를 합쳐 승일承日교 명칭이라는 주장도 있고, 김일성에게 승리한 의미의 승일勝日교라는 주장도 있으며, 6.25전쟁 당시 한탄강을 건너 북진 중에 전사한 박승일昇日 대령을 추모하는 명칭이라는 주장도 있다.

남북한이 합작한 다리는 고성에도 있다. 고성 거진읍과 간성읍을 연결하는 교량인 북천교北川橋는 남북한이 함께 만들었다는 의미에서 합축교合築橋로 개칭되었다. 합축교 25개의 교각 가운데 남쪽

_ 승일교(왼쪽) | _ 합축교(오른쪽)

17개는 1946년부터 6.25전쟁 발발 때까지 북한 강원도 인민위원회
가 건설했고, 나머지 북쪽 8개 교각은 1960년 국군 공병대가 건설
하였다. 남북 합작의 사실이 지역사회에 상업적 효과를 직접적으로
제공하지는 않았지만 통일과 관련되어 여러 상징적 소재를 제공하
고 있는 것이다.

　화천발전소 근처의 다리 구만교는 일제가 기초를 놓았고, 소련
군 혹은 북한이 교각을 설치했으며, 남한이 상판을 깔았다고 한다.
화천의 구만교는 남 · 북(소) · 일 3국이 만든 셈이다.

　이런 합작 다리들은 주로 비무장지대 이남이면서 동시에 38선
이북에 위치한 다리들이다. 전쟁 후 공사 주체가 바뀌어 결과적으
로 합작 다리가 되는 것보다는 독일 푈치계곡다리처럼 자발적인 협
력에 의해 다리를 합작하는 것이 더 나음은 물론이다.

엘베강 생물권보전지역
VS
DMZ 생물권보전지역
-유네스코 자연문화협력

19세기 프로이센에 의한 독일 통일은 주변국인 오스트리아와 프랑스와의 관계 속에서 추진되었다. 당시 오스트리아는 프로이센 중심의 독일 통일을 방해하던 세력이었지만 그 이전에는 범凡독일-오스트리아권에 속한 국가였다.

20세기 독일 통일도 19세기와 마찬가지로 주변국과의 관계 속에서 이루어졌다. 독일은 당시 유럽에 주둔한 미군과 소련군을 합한 병력보다 많지 않은 병력을 통일 후에 갖기로 약속하였다. 특히 독일은 통일에 대한 강대국과 주변국의 동의를 얻기 위해서 당시의 국경을 그대로 유지할 수밖에 없었다. 독일 내 일부 시각으론 통일이라는 국가적 대사大事를 이루기 위한 양보였다. 그러한 양보가 가능했던 것은 유럽통합이라는 대륙적 대사에 의해 영토냐 아니냐에 따른 실제적 차이가 감소했기 때문이다.

독일이 동서독 분단선보다 더 큰 관심을 가졌던 국경선은 폴란드와의 국경선이다. 독일과 폴란드 간 국경선인 나이세독일어명 Neiße; 폴란드어명 Nysa강에는 다른 국경지역처럼 폴란드 국경은 붉고 흰 색으로, 독일 국경은 검정 · 빨강 · 노랑의 말뚝으로 표시되어 있다.

나이세강 유역의 약 3.5km² 폴란드 영토와 약 2.1km² 독일 영토에 걸쳐 무스카우공원독일명 Muskauer Park; 폴란드명 Park Mużakowski이 조성되어 있다. 무스카우공원을 둘러싼 약 17.9km²의 독일 및 폴란드 영토가 완충지대로 설정되어 있다.

무스카우공원의 명칭은 이 공원의 설립자 헤르만 폰 퓌클러-무스카우 왕자Prince Hermann von Pückler-Muskau(1785~1871)에서 온 것이다. 1815년 퓌클러는 무스카우공원을 구상하고 여러 구조물을 조성하기 시작했다. 1845년 퓌클러는 엄청난 부채로 인해 이 지역을 매각할 수밖에 없는 상황에 놓였다. 1846년 무스카우공원 지역은 네덜란드 프리드리히Frederick 공에게 넘어갔으나 무스카우공원 조성은 계속되었다. 1853년 미국 뉴욕 주정부가 만들기 시작한 센트럴파크는 무스카우공원을 참고한 것이었다. 1881년 프리드리히 공이 죽자 그의 딸 마리Marie 공주는 이 지역을 아르민Armin 가문에게 팔았다. 1945년 아르민 가문의 재산은 동독의 소련 군정에 의해 몰수되었고, 독일-폴란드 국경이 오데르-나이세Oder-Neisse 강으로 획정

_ 유네스코 세계문화유산 무스카우공원

됨에 따라 무스카우공원도 독일과 폴란드로 나눠졌다.

1960년대 중반까지 동독 공산정권은 프로이센 귀족이었던 퓌클러 왕자를 비판적으로 평가하다가, 1960년 중반에 들어서면서 무스카우공원의 유적들을 복원하기 시작했다. 폴란드 공산정권도 이 공원을 자연보호구역으로 지정하여 보호하였다. 오데르–나이세 선線 이동以東 지역의 프로이센 유적은 독일이나 폴란드의 유적일 뿐 아니라 유럽의 유적이라는 인식이 있었기 때문에 폴란드가 적극적으로 관리 보호하고 독일도 적극적으로 재정을 지원하였던 것이다.

1989년 동독과 폴란드의 공산 정권이 무너진 후 무스카우공원은 독일과 폴란드에 의해 공동 재개발되고 있다. 두 나라의 경계인

_ 유네스코 세계문화유산 한자동맹도시 뤼베크

다리는 2003년 재건축되었다. 2004년 유네스코는 이 공원을 세계유산으로 지정했다. 유럽 대륙 대부분의 정원들이 인위적인 정방형正方形의 모습인 반면에, 무스카우공원은 영국식 정원English garden으로 친환경적 조경造景의 모형으로 인정되었기 때문이다. 2007년 폴란드가 셍겐협정Schengen Agreement에 가입함에 따라 무스카우공원의 국경 검문도 없어졌다. 오늘날 독일과 폴란드는 세계문화유산 공원을 모범적으로 공동 관리하고 있는 것으로 평가되고 있다.

　무스카우공원 외에도 통일독일은 북부 국경지대에 다른 유네스코 등재 지역들을 갖고 있다. 1987년 세계문화유산으로 등재된 한자동맹도시 뤼베크Hanseatic City of Lübeck가 그 가운데 하나이다. 한자

Hansa라고 불리는 상인 단체들은 14세기 중반에 도시동맹을 결성하였다. 한자동맹은 다른 연합체와 달리 경제적 이익에 충실한 공동 번영의 목적을 갖고 있었기 때문에 국경과 같은 공간의 배타성을 배격하였다. 17세기 발전된 중앙집권적 영토국가들에 밀려 한자동맹이 사라지기 전까지 뤼베크가 중심도시였다.

북부 국경지대에는 와덴해Wadden Sea 유네스코 세계자연유산도 있다. 북해와 인접해 있는 유틀란드Jutland 반도의 서안은 생태적 가치가 높은 곳이다. 와덴해는 만조에 바닷물에 잠겼다가 간조에 모습을 드러내는 세계 최대의 훼손되지 않은 갯벌이다. 철새를 포함한 600만 개체 조류의 서식지다. 독일과 덴마크는 네덜란드와 함께 와덴해의 생태를 보호해왔는데, 1978년 헤이그에서 개최된 삼국정부간 회의가 첫 공식 협의였다. 1987년부터 3국은 공동사무국을 운영하면서 유네스코 세계유산 등재를 신청했는데, 2009년 독일 · 네덜란드의 와덴해안 98만2천 헥타르가 세계자연유산 요건, 즉 보편적 가치(viii항), 생태계(ix항), 생물다양성(x항)을 충족시키는 것으로 평가되어 세계자연유산으로 지정되었다.

유네스코 세계유산 외에도 유네스코 생물권보전지역Biosphere Reserve; BR으로 등재된 독일 국경지역들이 있다. 프랑스와의 국경지역에는 팔쳐발드-보쥬뒤노르Pfälzerwald-Vosges du Nord 접경생물권보전지역Trans-boundary Biosphere Reserve; TBR이 있다.

1985년부터 독일과 프랑스 간의 접경지역 생물권 보전협력이 순수한 생물권 보전 활동뿐 아니라 청소년 교류를 포함한 교류 · 화해 사업의 일환으로 추진되었다. 이웃 국가와의 관계 개선에 중점을 두고 정보 교류와 만남, 학교와 청소년의 교류, 국경지대 관광 등의 사업들이 추진되었다.

1988년 유네스코는 프랑스의 보쥬뒤노르 자연공원Natural Parc of Voges du Nord을 BR로 지정했다. 1992년에는 인접지역인 독일의 팔쳐발드 자연공원Phalzerwald Natural Park도 유네스코 BR로 지정되었다. 유네스코 지정을 매개로 양국 간의 교류는 더욱 활발해졌다. 1998년 유럽에서 최초로 유네스코 TBR로 지정되었다.

팔쳐발드–보쥬뒤노르 TBR은 자본주의체제에서 지속가능의 초국경적 접근이 그렇게 안정적이지 못하다는 점을 보여주기도 했다. 왜냐하면 동유럽의 사회주의국가에서는 사유지가 아닌 공간이 많다 보니 개발제한지역으로 묶기가 상대적으로 용이한 반면, 독일과 프랑스 등의 서유럽에서는 사유지가 많아 그런 규제가 쉽지 않았기 때문이다. 그럼에도 불구하고 동시에 정치적 국경을 넘어선 대화와 활동을 제공하고 양국 국경지역의 매우 복잡하고 오래된 문제의 해결에 기여했다는 평가도 받고 있다.

또 TBR은 아니지만 독일 동부 국경에 인접한 유네스코 BR로 체코의 보헤미아Bohemia 숲이 있다. 보헤미안은 지명뿐 아니라 집시gypsy를 의미하기도 한다. 15세기 프랑스인들은 집시를 보헤미안으로 불렀는데 이는 당시 보헤미아 지역에 유랑자들이 많았기 때문이다. 오늘날 집시는 평화와 자유를 의미하는 경우가 많은데, 속물을 뜻하는 필리스틴Philistine의 반대어로 쓰인다. 여름철마다 독일을 비롯한 여러 유럽지역에 많은 보헤미안들이 이동한다. 록그룹 퀸Queen의 보컬리스트 프레디 머큐리Freddie Mercury가 불렀던 '보헤미안 랩

_ 엘베강 유네스코 생물권 보전지역
(https://en.wikipedia.org/wiki/Elbe#/media/File:ElbeInAutumn.jpg)

소디'는 마치 자유를 갈망하는 것처럼 들린다.

　동서독 분단선을 구성했던 엘베Elbe강의 생태적 가치도 높다. 1923년 안할트Anhalt 환경보호법 이래 작센안할트Sachsen-Ahhalt주의 엘베강 유역 생태보전의 노력은 다양했다. 1979년 작센안할트주의 엘베강 유역 일부가 유네스코 BR로 지정되었다. 독일 통일 후 엘베강 BR은 작센안할트주, 브란덴부르크Brandenburg주, 메클렌부르크포어포메른Mecklenburg-Vorpommern주, 슐레스비히홀슈타인Schleswig-Holstein주, 니더작센Niedersachsen주 등 통일 전의 접경 5개 주로 확장되었다.

　엘베강 BR은 중유럽에서 가장 넓은 수초水草지대이다. 서식 곤충도 다양해서 2005년에는 새로운 종種의 꽃등에가 발견되기도 했다. 겨울철새들을 포함한 수많은 조류가 서식하는 곳이기도 하다.

스칸디나비아와 러시아에서 온 물새들이 겨울을 나는 곳이다. 다수의 두루미 개체들은 가을 발트해안에 집결했다가 이베리안 반도에서 월동越冬하기 전 중간 기착지로 엘베강 유역에 머무른다.

※ ※ ※

한반도 DMZ를 유네스코 생물권보전지역으로 등재하려는 시도가 있었다. 환경부는 DMZ를 민간인통제구역 일부와 함께 유네스코 BR로 신청하였지만, 2012년 7월 유네스코 인간과생물권계획Man and the Biosphere Program; MAB위원회는 지정을 거부했다. 완충지역과 전이지역이 충분히 확보되지 못했기 때문이다.

한반도 접경지역 가운데 유네스코 BR로 등재된 곳은 백두산이다. 백두산은 북한의 신청에 의해 유네스코 생물권보전지역BR으로 등재되어 있다. 중국도 창바이샨長白山 이름으로 신청하여 등재되어 있다. 백두산에는 매년 수십만 명의 관광객이 방문하고 관광수입만 10억 위안 이상으로 중국 정부는 발표하고 있다. 북한의 수입은 그것에 훨씬 미치지 못한다. 대부분의 남한 사람들은 중국 쪽에서만 천지로 올라가 봤지 북한 쪽에서는 올라가 보지 못하고 있다.

오늘날 논란이 되고 있는 백두산 관련 이슈는 화산 폭발 가능성이다. 백두산 화산은 국제적 관리가 되지 못하고 있다. 2011년 백두산 화산 남북 전문가 회의가 개최되고 또 북한과 미국의 접촉이 있기도 했으나, 구체적인 협력은 추진되지 못하고 있다. 현재 중국만이 관련 연구를 추진하고 그 내용을 공개하지 않고 있다.

백두산에서 발원하는 압록강과 두만강은 북한과 중국 간의 국경이다. 1962년 북한과 중국은 당시 두 하천에 존재했던 269개 섬과

182개 모래톱에 대해 관할권뿐 아니라 후에 생길 섬과 모래톱에 대해서도 원칙을 정했다. 북한과 중국 간의 국경은 이미 변계邊界조약으로 안정화되어 있다고 보는 견해도 있다. 다른 한편으로는 북한의 식량난 등이 북-중 국경의 안정화와 생태보전에 부정적으로 작용할 수 있다는 견해도 있다.

유네스코 세계자연유산이나 생물권보전지역 외에 람사르Ramsar협약도 자연보호에 매우 중요한 국제협약이다. 람사르는 이란에 있

_ 람사르습지 한반도 1호 대암산 용늪

는 지역 이름이다. 국내에서는 '람사'로 표기되기도 하고 '람사르'로
표기되기도 한다. 람사르협약의 정식 명칭은 '물새 서식처로서 국제
적으로 중요한 습지의 보전에 관한 국제협약Convention on Wetlands of
International Importance especially as Waterfowl Habitat'이다.

한반도 람사르습지 1호는 동부 접경지역의 대암산大岩山에 있
다. 해발 1,300m의 대암산은 고산 희귀식물이 많이 서식하고 있
어 자연생태연구의 매우 중요한 장소이다. 대암산에서 도솔산
(1,148m), 대우산(1,179m), 가칠봉(1,242m)에 이르는 줄기는 남방
식물과 북방식물이 만나고 동시에 동서 기후대의 경계선이기 때문
에 다양한 식물대가 관찰되고 있다.

대암산 정상 봉우리와 북서쪽 2km의 다른 봉우리 사이의 능선 동쪽 기슭에 32만1천 평의 늪이 있는데, 바로 용늪이다. 용늪은 남한의 유일한 고층高層습지로 식물이 완전히 분해되지 않은 채 4,500년 동안 퇴적된 180cm의 토탄층이 있어 태고의 동식물이 서식하고 있는 자연사박물관 또는 자연 타임캡슐로 불리고 있다. 고지대이기 때문에 겨울이 길어서 식물이 썩지 않고 층층이 높게 쌓여 있는 고층습지에는 작은 곤충을 잡아먹는 끈끈이주걱, 한국 고유식물인 금강초롱, 개불알꽃 등 191종의 식물과 224종의 곤충이 서식하고 있는 것으로 보고되고 있다. 1960년대 한국자연보존연구회와 미국 스미소니언연구소 공동 보고서로 알려지게 되었다. 현재 천연보호구역 제246호로 지정되어 있고 1997년 3월 람사습지로 등록되었으며 학술조사 이외는 들어갈 수 없다.

1980년대부터 작은 용늪 하나가 사라지고 용늪에 모래가 쌓이는 육지화가 진행되고 있어 그 원인과 책임에 대한 공방이 또 다른 갈등을 불러일으키기도 했다. 군인들이 스케이트장을 만들려고 했다는 확인되지 않는 말이 떠돌기도 했다. 용늪을 둘러싼 갈등의 당사자들은 군부대, 지역주민, 정부당국, 방문연구자 등 여러 갈래로 언급되었지만 딱히 누구만의 책임이라고 말하기는 그럴 것이다. 지금은 민관군이 함께 용늪을 지키고 있어 그렇게 급격히 훼손되고 있지는 않다.

갯벌도 중요한 생태 가치를 지닌다. 뭍 습지의 생태적 가치가 매우 크듯이, 바닷가의 갯벌도 마찬가지이다. 사람들은 모래나 자갈로 된 깨끗한 해안을 좋아하고 갯벌은 지저분하게 느끼기 쉽지만,

_ 석모도 갯벌

갯벌이 있어야 바닷물도 정화된다. 갯벌에는 수많은 생물들이 있어 먹이사슬의 기반이 된다. 따라서 바닷새들이 자주 찾는 곳이다.

와덴해처럼 서남해안 갯벌을 유네스코 세계자연유산으로 등재하려는 시도가 전남도청을 중심으로 진행되고 있다. 그러나 지역에서 반대하는 목소리도 만만치 않다. 접경지역은 그런 반대가 덜한 편이다.

교동도에서 시작하여 석모도, 불음도, 주문도 등으로 이어지는 강화도 일대 갯벌에는 저어새, 노랑부리백로, 검은머리물떼새 등 다양한 조류를 만날 수 있다. 저어새는 전 세계에 1천 마리도 남아 있지 않은 멸종위기의 희귀종으로 천연기념물 제205호와 환경부 멸종위기 야생조류 제4호로 지정되어 있다. 주걱 같은 부리로 갯벌이나 모래를 휘저어 먹이를 찾아 먹는다 하여 붙여진 이름이다.

북한과 남한의 서해안지역이 개발되면 갯벌과 새들이 많이 줄 것이라는 분석도 있다. 지역개발은 환경영향평가에 따라 결정되어야 하는데 우리의 환경영향평가는 진정한 의미의 환경영향평가가 아니다. 접경지역은 접근이 쉽지 않아 환경영향평가의 정확성이 제한될 수 있지만, 적어도 재산권과 점유권이 얽힌 이해관계 때문에 그런 환경영향평가가 왜곡되는 일은 없을 것이다.

주변국끼리 또 남북한끼리 영토나 영해로 분쟁이 심화되면 통일의 길은 더욱 멀어진다. 글로벌 기준의 여러 가치를 남북한과 주변국이 함께 공유하는 것이 필요하다. 만일 국제기구를 통해 주변국과 문화유산을 공동으로 보전하고 접경지역 자연도 공동으로 보호하게 된다면, 통일의 가능성은 더 높아진다고 말할 수 있다. 동서독 통일이 유럽연합이라는 지역공동체 형성으로 더욱 가능해졌던 역사적 사실과 비슷한 이유에서이다.

철의 장막 유럽그린벨트
VS
철의 삼각 철새네트워크
-생태평화

이차대전

후 서유럽과 동유럽 사이에 철의 장막 Iron Curtain이 등장했다. 철의 장막은 동독과 서독뿐 아니라 동유럽과 서유럽을 구분하던 경계선이었다. 철의 장막의 공식적인 첫 언급은 1946년 처칠 영국 총리의 연설에서였다. 실제 철의 장막 위치에 대해서는 달리 주장되기도 한다. 유고슬라비아를 동유럽에 포함시켜 철의 장막으로 표현하기도 하고, 비교적 독립적인 국가였던 유고슬라비아를 철의 장막 국가에 제외시키기도 한다. 1989년 5월 소련 고르바초프의 지원으로 헝가리는 오스트리아와의 국경 즉 철의 장막을 해체하였다. 또 1990년 7월 1일 독일은 동서독 분단의 철의 장막을 공식적으로 철폐하였다.

_헝가리 부다페스트의 철의
장막 기념물(Loganbking)

오늘날 철의 장막은 실재하지 않고 헝가리 부다페스트에 "동서를 서로 격리시켰고, 유럽과 세계를 둘로 나눴으며, 우리에게서 자유를 빼앗고 감금, 공포, 고통, 굴욕감을 주었다. 마침내 우리는 그것을 해체해버렸다."고 적힌 미술품으로 기념되고 있을 뿐이다. 헝가리는 오스트리아와 접경한 펠쇠차타르Felsőcsatár에 철의 장막 박물관 Vasfüggöny Múzeum을 열었고, 체코는 독일과 접경한 로즈바도프Rozvadov 그리

_ 그뤼네스반트와 안내판

고 오스트리아와 접경한 발티체Valtice에 철의 장막 박물관을 운영 중
이다.

철의 장막에 속한 동서독 분단선의 생태적 가치는 높다. 그 대
표적 지역이 하르츠Harz이다. 동서독 분단 시절에는 도로가 폐쇄됨
에 따라 생태자연이 잘 보전되었다. 독일 통일 이후 이 지역의 주

수입원은 관광이다. 하르츠 지역
끼리 관광객 모객을 경쟁하다 보
니 갈등도 종종 발생하지만, 그
생태적 가치는 여전하다.

_ 철의 장막 유럽그린벨트

동서독이 통일되면서 주로
동독지역의 50~200m 폭의 완충
지대(순찰로 포함)는 그린벨트
로 되었다. 종種 보전을 중시하
는 독일 환경자연단체 분트Bund
fur Umwelt und Naturschutz Deutschland;
BUND가 그린벨트 지정을 추진하였다. 동서독 분단선 지역들 다수
가 국립공원과 자연보호구역으로 지정되었다.

독일뿐 아니라 유럽 전체의 접경지역 생태보호구역 다수가 철의
장막을 따라 위치하고 있다. 핀란드까지 약 15,000km 길이의 철의
장막은 냉전시대가 막을 내리고 동유럽 공산정권이 붕괴되면서 유
럽의 생태환경보전을 위한 유럽그린벨트European Green Belt로 추진되
고 있다.

※ ※ ※

냉전시대 동아시아에는 '죽의 장막bamboo curtain'이 있었다. 중국
과 자유진영 국가 간의 장벽을 중국의 상징인 대나무에 비유한 것
이다. '죽의 장막' 대신 '철의 장막'과 이름이 유사한 한반도 지명이
있는데 바로 철의 삼각지Iron Triangle이다. 철의 삼각지라는 말은 6.25
전쟁 당시 미8군 사령관 팸플리트Famfleet가 평강平康, 철원, 김화金化

로 이어지는 난공불락難攻不落의 북측 삼각 축선을 일컬어 유래한 용어이다. 세 삼각변 가운데 평강－철원 축(경원선)의 백마고지와 피의 능선, 평강－김화 축의 저격능선(오성산 동쪽 능선)에서 처절한 전투가 있었다. 백마고지와 저격능선에서 엄청난 인명을 희생한 대가로 철원－김화 축(금강산전철선)을 남측에서 확보할 수 있었다.

저격능선狙擊稜線; Sniper Ridge(580m)이라는 명칭은 오성산(1,062m)을 필두로 여러 고지들이 서로 가까이 있다 보니 저격당하기 쉽다고 해서 불린 이름이다. 북쪽으로는 북한 최고지도자가 가끔 방문하는 오성산이 있다. 오성산은 철원군 근동면과 근북면 경계인 북한측 지역에 있는 산이다. 하늘에서 보면 다섯 개의 별 모양이라서 오성산五星山이라고도 하고, 다섯 신선이 산다고 해서 오성산五聖山이라고도 부르는데, 북한에서는 오신산五神山이라고도 부르고, 옛 문헌에는 오신산五申山이라고도 했다.

오성산은 북한 지도자 김일성이 "육사 군번 세 도라꾸(트럭)와도 안 바꾼다"고 말했다고 할 정도로 철원 지역 전체를 관측하고 대응할 수 있는 지정학적 여건을 갖춘 곳이다. 북한 측 오성산 정상에 대응하는 남한 측 거점으로 계웅산 OP(604m)를 운영 중이다.

저격능선 서쪽으로는 삼각고지(598m)가 있다. 삼각고지와 저격능선 사이 고개가 상감령上甘嶺이다. 저격능선 전투는 북측의 오성산 고지를 대상으로 치열하게 전개된 전투였는데, 40여 일간의 전투에서 40여 차례나 고지의 주인이 바뀌면서 2만여 명의 사상자를 낸 전투이다. 중국에서는 1952년 10~11월 40여 일 동안의 저격능선전투와 삼각고지전투를 합하여 상감령 전역戰役으로 부르고

_ 저격능선전투 전적비와 철의 삼각지를 향하고 있는 대포

있다.

　중국영화 〈상감령〉은 중공군이 대규모 동굴을 구축하여 미군
을 대상으로 헌신적인 사투를 벌여 승리한다는 내용으로 이루어져
있다. 영화에서 동굴 속 중공군들이 부른 노래가 바로 '나의 조국我
的祖國'으로 이 노래는 중국에서 거의 국가國歌로 취급되고 있다. 중
국 본토에서 수많은 편지와 위문품이 동굴요새로 전달되었는데, '상
감령 정신'은 중국인의 애국심을 상징한다. 중국에서 부르는 이른바
상감령 대첩으로 북쪽 저격능선은 중공군이 차지하게 되었다. 국군
이 남쪽 저격능선을 점령하다가 1953년 7월 정전을 앞두고 작전상
계웅산 지역으로 철수함에 따라 저격능선은 군사분계선MDL 북쪽
DMZ에 속하게 되었다.

김화읍 암정嚴井리 남대천에 있는 암정교는 저격능선 전투의 주무대였다. 암정교는 1930년대에 건립된 것이지만 철근콘크리트 교량이라 아직 남아 있다. 민간인 출입이 통제되고 있는 지역에 있어 그대로 보전되어 있다.

동송읍 하갈리의 삽슬봉(219m)은 조선시대까지 봉수烽燧대였다. 한 그루 소나무를 얹어 놓은 것과 같다 하여 삽송봉揷松峰이라고도 불리었는데, 6.25전쟁 당시 치열한 포화로 봉우리 혹은 전사자들이 아이스크림처럼 흘러내렸다 하여 아이스크림고지로도 불린다.

다른 지역과 달리 철의 삼각지 지역에는 추운 겨울에도 관광객이 많다. 바로 겨울 철새들 때문이다. 철의 삼각지대에서는 조류 가운데서도 아주 희귀종이면서 또 우리 문화에 깊이 자리하고 있는 두루미를 탐조할 수 있다. 뚜루루라는 울음소리 때문에 두루미라는 우리말 이름과 그루grus라는 라틴학명이 부쳐졌다는 설說을 검증하기 위해서는 직접 울음소리를 들어야 한다. 너무 가까이 접근하여 두루미 서식에 방해될까 걱정할 수도 있겠지만, 두루미의 울음소리가 몇 km까지 들리기 때문에 그렇게 가까이 다가갈 필요는 없다.

철의 삼각지대는 천연기념물인 두루미, 재두루미, 흑두루미가 함께 월동하는 세계 유일의 지역이라고 한다. 천연기념물인 큰고니와 독수리의 월동지이기도 하다. 매년 10월 하순부터 12월까지 남하하여, 2, 3월에 다시 북상한다. 두루미는 한국을 찾는 두루미류 가운데 가장 크다. 머리 위 피부는 붉다. 목을 포함한 얼굴과 날개 끝은 검고, 몸과 꼬리는 희다. 날개를 접은 두루미를 보고 꼬리가 검은 것으로 오해하는 사람이 많다. 재두루미는 두루미보다는 조금

_ 암정교(왼쪽) | 아이스크림고지를 선회하는 철새들(오른쪽)

작지만 흑두루미보다는 조금 크다. 몸은 음회색이고 가슴에 회흑색의 선이 있으며, 부리는 황녹색이고 다리는 암적색이다. 생후 1년의 새끼 재두루미는 갈색이다. 재두루미는 자신보다 더 큰 두루미에게 힘에서 잘 밀리지 않는다.

두루미의 명칭을 살펴보면 여러 지역에 걸쳐 있음을 짐작할 수 있다. 두루미의 학명은 그루 야포넨시스(*Grus japonensis*)로 일본을 원산지명으로 표기하고 있다. 일본두루미(*G j japonensis*)와 판문점 두루미(*G j panmunjomii*)를 구분하는 사람도 있지만, 동일한 종으로 이해되고 있는 듯하다. 또 두루미를 일반 영어로는 만주두루미 Manchurian crane로 부르기도 한다. 두루미의 명칭만 보아도 두루미가 일본, 중국, 몽골, 한국 등으로 하나의 네트워크를 형성하고 있음을 알 수 있다.

두루미 명칭과 관련하여 재미있는 사실은 지역과 문화에 따라

_ 두루미와 재두루미(왼쪽) | 겨울 새벽 쇠기러기의 비상(오른쪽)

동일한 종을 부르는 기준이 다르다는 점이다. 네트워크적이지만 그렇다고 동질적이지도 않은 것이다. 두루미red-crowned crane, 재두루미white-naped crane, 깃털두루미blue crane, 검은목두루미common crane, 흑두루미hooded crane, 검은꼬리두루미black-necked crane, 관머리두루미black crowned crane, 흰볼관머리두루미grey crowned crane 등 두루미류의 한글 명칭과 영어 명칭을 비교해 보면, 그 지역에 흔한 종을 먼저 기준으로 삼은 후 나머지 종의 명칭을 부여하는 것을 알 수 있다. 우리의 경우 두루미를 기준으로 명칭이 부여되는 경향이 있는 반면, 영어권에서는 검은목두루미common crane; Grus grus를 기준으로 하는 경향이 있어 보인다. 우리의 경우 몸 색깔을 중요시 여긴다면, 영어권에서는 몸의 색깔보다는 머리, 목, 꼬리 등의 색깔을 중요시 여기는 측면이 있음을 추정할 수 있다. 특징을 추출하다보면 그 특징은 비교기준에 따라 달라질 수밖에 없는데, 이처럼 같은 두루미이더라도

_ 겨울 철새의 비상(오른쪽) | 독수리의 식사(오른쪽)

보는 각도가 조금씩 다른 것이다.

철새들은 아침에 깨면서 떼로 난다. 특히 겨울 아침 DMZ 남방 한계선 옆 토교저수지에서 일제히 비상飛上하는 기러기들의 군무群 舞는 장관인데, 이러한 장관을 보기 위해 양지리에는 '철새보는 집' 알림판을 내건 민박집들이 있다.

토교저수지 근처에서는 독수리 떼도 쉽게 볼 수 있는데 바로 독 수리 먹이주기 행사가 있기 때문이다. 먹이 주는 시간 직전에는 독 수리 떼들이 노숙자처럼 대기한다.

겨울 철새는 자유롭게 MDL을 넘는다. 이동성 조류는 국경을 넘어 이동하므로 국가 간 협력이 절대적이다. DMZ 지역의 상징적 철새인 두루미를 멸종위기에서 구하기 위해서는 번식지, 월동지, 통과지 모두를 포함한 지역의 공동 노력이 있어야 가능하다. 이동 경로 가운데 한 곳이라도 문제가 발생하면 곧 전체 네트워크에 문제를 일으킨다. 대부분의 두루미들은 한 국가에 머무르지 않는다. 남한에서 월동하거나 중간 기착하는 두루미들 가운데 북한에서 머무르는 개체가 많다는 사실이 인공위성 추적 연구로 확인된 바 있다. 두루미 네트워크가 잠재적으로 통일 네트워크의 한 가닥으로 작동할 수 있지 않을까 기대한다.

철새가 독감 바이러스를 옮기는 숙주 역할을 한다는 주장이 있다. 철새의 배설기관에 독감바이러스가 기생하다가 배설물과 함께 닭과 같은 가금류에 옮아가고 다시 바이러스의 인큐베이터 역할을 하는 돼지 몸속으로 가서 유전자 변이와 합성을 거쳐 새로운 종으로 진화된다는 것이다. 독감전파 가능성을 제기하여 지나친 철새탐조를 막아 철새를 보호하자는 주장도 나올지 모르겠지만, 만일 그렇다면 반대로 독감을 전파하는 철새를 아예 멸종시키자는 주장도 나올 수 있다. 독감 바이러스 주장에 대한 확실한 증거는 아직 나오지 않고 있으며, 철새탐조가 직접 인체에 해를 주었다는 근거도 아직은 없다.

철새라고 하면 특히 한국의 정치판에서는 신의가 없는 사람을 지칭하는 보통명사화 되었지만 사실 철새인 두루미는 전통적으로 신뢰의 상징이었다. 두루미 등의 철새는 천년해로千年偕老, 즉 '함께' 그리고 '오래'를 상징한다. 아울러 깨끗함, 청정, 환경, 반反부패 등도 상징한다. 두루미 보호 네트워크의 관계자들은 그 네트워크로 인해 두루미 보호뿐만 아니라 동북아시아 국민들 간의 신뢰가 증진되었다고 주장한다. 자연을 매개로 인간 간의 신뢰도 형성될 수 있다는 이야기이다.

DMZ 남방한계선 부근에서는 일정 간격으로 배치된 적색 네모

_DMZ 남방한계선 인근 월경 경고 표지판

표지판을 볼 수 있다. 바로 월경越境 경고 표지판이다. '경계선을 넘지 마라'는 표지인지 새들도 일반인들도 모른다. 사람들은 저 표지판이 없어도 DMZ를 넘을 수 없다. 새는 아무리 강렬한 경고에도 아랑곳하지 않고 자유로이 넘나든다. 새들은 DMZ를 자유롭게 드나들 뿐만 아니라 DMZ 북방한계선을 넘어 북한 지역으로도 들어갈 수 있다. 비무장지대라 밀렵이 불가능하기에 안전도 보장된다. DMZ가 금단禁斷의 땅이라고 할 때 그 대상은 사람인 것이다.

생태든 평화든 통일이든 연결이 중요하다. 만일 서쪽으로 DMZ와 NLL을 중국 만리장성까지 연결하고, 동쪽으로는 DMZ, NLL, 독도, 일본 열도까지 연결하여 동북아 생태벨트를 추진할 수 있다면 이는 한반도뿐 아니라 동북아시아 평화와 번영에도 도움이 될 것이다.

브란덴부르크문

VS

도라산역
-연결의 가치

_브란덴부르크문 크바트리가 승리여신상

베를린은 한국 대통령들의 주요한 대북 선언의 단골 장소였다. 김대중 대통령과 이명박 대통령이 자신들의 대북정책을 천명한 곳이다. 물론 두 대통령의 대북정책은 극단적으로 대비되고 있다.

　베를린 한복판에 있는 대표적 건축물이 브란덴부르크문 Brandenburger Tor이다. 프로이센 국왕 프리드리히 빌헬름 2세(재위 1786~1797년)의 명에 의해 1788년에서 1791년에 걸쳐 건축되었다. 브란덴부르크문이 건축될 무렵 프랑스에서는 혁명이 일어났다.

_ 나폴레옹 1세가 프로이센에게 이긴 후 브란덴부르크문을 통과하는 모습을 그린 메이니에(Charles Meynier)의 작품

　　브란덴부르크문을 개선문으로 처음 사용한 국가는 프로이센이 아니었다. 1806년 프로이센은 나폴레옹 1세에게 선전포고하여 전투를 벌였으나 패했다. 1806년 10월 나폴레옹 1세는 예나에서 승리한 후 베를린에 입성하여 브란덴부르크문 위의 장식품 크바트리가 quadriga; 네 마리 말이 끄는 이륜전차 승리 여신상을 전리품으로 챙겨 파리로 가져갔다.

　　나폴레옹 1세는 1812년 러시아 진격 실패에 이은 1813년 10월 라이프치히 전투에서 프로이센과 오스트리아 등의 반反나폴레옹 연합군에 대패하면서 몰락하게 되었다. 프로이센은 라이프치히 전투에서 프랑스를 이긴 후 파리로 입성하여 승리 여신상을 베를린으로 되가져왔고 1814년 8월 프리드리히 빌헬름 3세는 여신상을 원래 자리인 브란덴부르크문 위에 다시 두었다. 그때 이후 브란덴부르크

광장은 프로이센군의 파리 점령을 기념해 파리광장Pariser Platz으로
불리고 있다.

덴마크와의 관계에서는 정반대의 사건이 있었다. 덴마크 조각
가 헤르만 빌헬름 비센은 1850년 제1차 슐레스비히 전쟁의 승리를
기념하는 조각상을 만들었다. 1864년 제2차 슐레스비히전쟁덴마크-
프로이센 전쟁에서 승리한 프로이센은 조각상을 베를린으로 가져갔다.
이차대전이 종료되면서 1945년 조각상은 코펜하겐으로 다시 옮겨진
것이다.

제2차 세계대전 중에 브란덴부르크문도 연합군의 폭격을 받았
다. 1945년 전쟁이 끝난 이후 독일의 영토는 미국, 영국, 프랑스, 소
련으로부터 분할 통치를 받았는데, 브란덴부르크문까지가 소련의
관리구역이었다. 이때 동독 정부는 여신이 들고 있던 독수리 모양
의 장식품 대신에 동독 국기를 내걸었다. 문 바로 뒤쪽에 세워진 베

_ 독일 → 폴란드 국경(왼쪽) | 독일 → 체코 국경(오른쪽)

를린장벽으로 브란덴부르크문은 폐쇄되고 더 이상 문으로 기능하지 못했다. 1990년 동서독이 통일된 후 브란덴부르크문 위에 독수리 장식품이 다시 걸렸고, 브란덴부르크문은 개방되었다.

베를린은 미국 대통령의 역사적 연설로도 유명하다. 1963년 케네디 대통령은 브란트Willy Brant 서베를린시장의 초청으로 시청사를 방문하여 "나는 베를린시민이다(Ich bin ein Berliner)"라고 외쳤다. "베를린장벽이 공산주의의 실패를 명백히 보여주지만 가족을 못 만나게 하는 것은 역사와 인권에 반하는 것"이라고 연설하였다. 1987년 레이건 대통령은 브란덴부르크문 앞에서 "고르바초프 서기장, 이 장벽을 허무시오(Mr. Gorbachev, tear down this wall)"라고 외쳤다. 1989년 베를린장벽이 열린 이면에는 강대국과 주변국의 영향이 컸다.

브란덴부르크문의 개방은 독일의 다른 국경 개방과 그 궤를 함

_ 체코 → 독일 국경(왼쪽) | 독일 → 오스트리아 국경(오른쪽)

께 했다. 1985년 독일, 프랑스, 룩셈부르크 세 나라의 국경선이 만나는 지역인 솅겐의 모젤불어 Moselle; 독어 Mosel; 룩셈부르크어 Musel강 유람선에서 3개국에 더해 벨기에와 네덜란드의 대표들이 모여 국경 검문 폐지와 여행 자유화를 단계적으로 실시하기로 합의하였다. 이른바 솅겐협정이다. 실제 국경 개방은 동유럽 공산정권의 붕괴로 연기되어 1995년에 실현되었다. 독일에서 나가든 독일로 들어가든 아무런 검문이 없다. 길가에 입국하는 국가의 표지판뿐이다.

브란덴부르크문의 폐쇄는 전쟁과 분단을, 브란덴부르크문의 개방은 번영과 통일을 상징하고 있는 것이다.

※ ※ ※

이런 개방을 북한 주변에서는 찾아보기 힘들다. 북한은 거의 세계 최고의 폐쇄 체제이다. 북한 정권의 입장에선 스스로의 체제를 주체적 방식이라고 강변할 것이다. 북한은 남한과의 경계선인 MDL

_중국 → 북한 국경선(위, 왼쪽) | 경원선 연천역 급수탑(위, 오른쪽) | 경원선 월정역 안내판(아래, 왼쪽) | 월정역 열차 잔해(아래, 오른쪽)

과 DMZ뿐 아니라 중국과의 경계도 철저하게 통제하고 있다.

독일에서 한국으로 가는 비행기를 타고 아래를 내려다보면 바로 중국이나 러시아를 횡단하고 있음을 알게 된다. 남북한이 통일되면 한반도는 대륙을 거쳐 유럽으로 연결된다. 통일되지 않더라도 남북한의 철도만 연결된다면 중국횡단철도TCR나 시베리아횡단철도 TSR를 통해 한반도는 통일독일로 연결될 수 있다. 지금은 비행기로 왕래할 수밖에 없는 두 도시, 서울과 베를린을 철도와 도로를 이용

_ DMZ 남방한계선에 막힌 경원선

하여 왕복할 수도 있을 터이다. 이처럼 한반도 통일과 독일 통일은 공간적으로도 연결되어 있다고 볼 수 있는 것이다.

　한반도의 남북을 연결하는 철도 노선으로 경의선, 경원선, 금강산선, 동해선 등이 있다.

　분단으로 끊기기 전에 열차는 증기기관차가 끌고 다녔다. 물을 끓여 그 증기의 힘으로 열차 바퀴를 돌리는 증기기관차는 일정 거리 운행 후 물을 다시 채워주어야 한다. 서울―원산 간 중간 지점인 연천역의 급수탑은 1919년 건립되어 경원선 운행 열차에 급수하였던 것으로 분단 이전 남북한 왕래의 상징이기도 하다.

　월정역은 경원선과 DMZ 남방한계선이 만나는 곳이다. 경원선 철도는 월정역에서 아예 DMZ 남방한계선에 막혀 있다. 월정역에

_ 끊어진 금강산 철길

남겨진 열차의 잔해에서 전쟁의 참상과 더불어 무상한 세월을 느낄 뿐이다.

2012년까지 서울－원산 간 경원선의 단절구간은 신탄리(연천군)－군사분계선(16.2km) 구간과 군사분계선－평강(14.8km) 구간의 총 31km이었다. 남측 구간에 대해 1991년에 실시설계를 끝냈고 1998년에 용지매입을 완료했다. 경원선 구간 남한에서의 철도중단점('철마는 달리고 싶다')은 신탄리역이었다가 2012년 백마고지역으로 북상했다. 백마고지역은 월정역에 가까워 경원선의 남한 내 단절구간은 10km도 되지 않는다. 다시 월정역까지의 복원을 2015년에 시작했다. 경원선은 함경선을 통해 시베리아횡단철도TSR에 연결될 수 있는 노선이다.

철원 김화 전선교회 근처 정연리 한탄강에는 '끊어진 철길! 금

_ 동해선 도로 및 철도의 DMZ 구간(왼쪽) | 남한의 최북단역 제진역(오른쪽)

강산 90 키로'라고 적혀 있는 금강산철도를 볼 수 있다. 해방 이전 철원까지는 경원선을 이용하고, 철원에서부터는 사철私鐵인 단선 전기철도를 이용하는 방식이었다. 금강산철도는 일제가 주식회사를 설립하여 운영하던 사철로 운임이 쌀 한 가마니 값이라 일반인들은 탑승하지 못했다.

　남한 정부는 북한지역의 전 구간 51km를 복원하여 운영하는 방안을 검토하기도 했다. 건설교통부는 구철원－정연－금곡(김화읍)의 24.5km 단선전철의 실시설계를 1999년에 완료했다. 북측의 철로가 거의 폐쇄되었기 때문에 남북 간을 연결한다 하여 당장 개통할 수 있는 것은 아니다.

　1937년 개통되었던 양양－원산 간 동해북부선은 태평양전쟁 말기에 일본이 군수 목적으로 레일을 철거하여 철도 노반만 남아 있

_ 멈춘 경의선 열차

었다. 강릉－군사분계선 간 112km와 군사분계선－온정리 간 18km
가 끊겨 있던 것을 일부 복원했다. 2007년 5월 17일 동해선은 북한
측 열차가 군사분계선을 넘어 제진역까지 시험 운행했다. 그 이후
아직까지 개통에 이르지는 못하고 있다.

　임진각에는 경의선을 달리던 기차가 전시되어 있다. 파손된 채
장단역에 있던 증기기관차를 임진각에 옮겨 전시하고 있는데 1,000
여 발의 총탄자국이 있다.

　1906년 개설된 서울－신의주 간 경의선은 북한에서 평양－부
산 간 평부선으로 부르기도 하는 철도다. 중국횡단철도TCR에 연결
되고, 북한 내에서도 물동량이 많은 노선이라는 점에서 우선적으로
복원이 추진되었다.

_ 경의선 도라산역

북한이 기존 개통 노선 외에 다양한 접촉로를 허용하지 않는 상황에서는 경의선을 기반으로 남북한 연결이 시도될 수 있다. 서울과 러시아가 연결되기 위해서는 철원을 통과하는 경원선 노선뿐 아니라 경의선을 통해 개성으로 간 후 다시 원산으로 가는 노선, 그리고 경의선을 통해 서울에서 평양까지 간 후 평양－나진 간 평라선을 이용해 평양－고원(문산)－청진－나진－두만강역－하산으로 가는 노선도 가능하다.

도라산역은 2002년 4월 비무장지대 남방한계선에서 700여 미터 떨어진 파주시 장단면 노상리에 설치된 경의선역이다. 도라산역은 남북한 연결을 위해 남쪽의 마지막 역 대신에 북쪽으로 가는 첫 번째 역을 지향한다. 이 역의 평양 205km, 서울 56km의 이정표는 남북 분단의 현실과 아울러 남북 화해의 희망을 보여주고 있다. 도라산역은 임진각에서 출발하는 차량으로 들어갈 수도 있고 또 임진각역에서 환승하여 도라산역까지 가는 열차를 탑승할 수도 있다. 열차 이용자도 임진각역에 하차하여 출입허가 절차 후 도라산역까지 운행하는 열차에 승차해야 한다.

경의선은 남북이 공동으로 2007년 5월 17일 시험운행을 실시했다. 문산역에서 개성역까지 남측 열차를 시험 운행했다. 2007년 10월 남북정상회담에서 문산~봉동 간 화물열차를 정례적으로 운행하기로 합의하고 12월 11일에 개통했으나 남북관계의 냉각으로 2008년 12월부터 중단되고 있다.

승객의 통제 가능성 면에서는 철로가 우위에 있지만, 효율성 측면에선 도로가 더 나은 연결이다. 철도 복원보다 차라리 새로운 도로를 개설하는 것이 더 경제적일 수 있다. 하지만 전면적 개방이 불가능한 북한 정권으로서는 개방하더라도 철도 연결을 더 선호할 수 있다.

사람과 물건을 나르는 연결망뿐만 아니라 에너지와 정보를 나르는 연결망도 있다. 광역통신망, 전력공급선, 파이프라인 등이 그러한 예이다. 철로든 도로든 문화유적지 보존, 환경 보존, 지뢰 제거의 어려움, 안보적 목적의 지뢰 제거 반대 주장 등을 고려하여 고가高架 형태의 연결도 검토할 수 있을 것이다.

남북한의 연결은 남한이 섬에서 비로소 대륙국가로 도약하는 의미를 지닌다. 삼면이 바다인 남한에게 북쪽은 바다보다 더 통과하기 힘든 장벽이기 때문이다. 북한은 남한으로 연결되는 매개체가

된다는 점만으로도 부가적 이익을 창출할 수 있을 것이다. 해저터 널을 통한 일본과의 연결은 남북한 연결의 부가적 가치를 증대시킬 것이다.

　　유엔 아태경제사회위원회ESCAP의 전신인 아시아극동경제위원 회ECAFE는 1959년 아시아고속도로Asian Highway 건설을 추진하기로 했다. 냉전 시절 진전이 없다가 2004년에서야 협정을 맺어 55개 노 선을 설정했다. 그 가운데 2개 노선이 남한을 관통한다. AH1번 아시 아고속도로은 일본(도쿄, 후쿠오카), 부산, 서울, 평양, 신의주, 중국 (베이징), 베트남, 태국, 미얀마, 인도, 파키스탄, 이란, 터키로 이 어지고, AH66번 아시아고속도로는 부산, 강릉, 원산, 러시아(하산), 중 국, 카자흐스탄, 러시아(모스크바), 벨라루스로 연결된다. 즉 경부

고속도로는 AH1의 일부이고, 7번 국도는 AH6의 일부로 설정되어 있다.

　이산가족 상봉도 원활히 이루어지지 못하고 있다. 베를린장벽이 무너지고 브란덴부르크문이 열린 것이 '어느날 갑자기'였던 것처럼 한반도 분단선이 사라지고 끊어진 철도와 도로가 연결되는 시점을 예상하기란 어렵다. 무엇이 곧 온다고 사람들이 말할 때 오히려 잘 오지 않는 경우도 적지 않다. 통일도 많은 사람들이 예상하는 시점에 많은 사람들이 예상하는 모습 대신에 예상하지 못한 시점과 모습으로 찾아올 수 있다. 그렇기 때문에 통일에 더 많은 준비가 필요한 것이다. 이것이 오늘날 우리가 독일 분단과 통일의 현장을 사소한 것이라 할지라도 놓치지 않고 봐야 하는 이유다.

시간과 공간을 초월한 분단과 통일의 원리

이 책은 세대가 다른 두 사람이 거의 10년에 걸쳐 한반도와 독일이라는 지구 반대편의 두 현장을 함께 답사한 후 엮은 결과물이다. 150마일 이상의 남북한 분단선뿐 아니라 150km 이상의 베를린장벽 그리고 거의 1,500km에 이르는 동서독 분단선을 함께 답사한 후 분단과 통일에 대해 중요하지만 놓치기 쉬운 생각 조각들을 꿴것이다.

동서독이 어떻게 했기 때문에 남북한도 그렇게 해야 한다는 주장은 한계가 있다. 동서독은 같은 편으로 전쟁을 일으켰다가 패전해서 분단된 전우였다고 볼 수 있다. 서로에게 총부리를 겨눠 아직그런 적대감에서 벗어나지 못한 남북한과는 많은 차이가 있다. 독일과의 차이점을 간과해서는 아니 된다.

그렇다고 한반도에 적용할 만한 독일의 교훈이 없는 게 아니다. 19세기 및 20세기의 독일 통일은 한반도에게 통일 노하우를 전해준다. 이유 없는 분단도 없고 원인 없는 통일도 없다. 아무런 준비 없이 그냥 무작정 기다린다고 해서 통일이 이뤄지는 것은 아니다.

독일의 현장들은 무모한 쇄국과 무모한 전쟁이 분단으로 이어지고 또 개방을 통한 성장 그리고 주변과의 협력이 통일을 가져다줌을 보여준다. 특히 유럽연합과 같은 지역공동체의 설립이나 생태 네트워크와 같은 자연문화 교류는 통일 가능성뿐 아니라 통일과 분단 삶의 질도 높인다.

분단 시발의 때와 장소도 통일 촉발의 시간과 공간이 될 수 있다. 분단의 시공時空이냐 통일의 시공이냐는 것은 그 시공의 인간 행동에 달려있다.

독일은 과거 분단을 회고하여 오늘날에도 경계심을 늦추지 않는다. 오늘날 분단을 극복하여 미래 통일로 나아가려는 한반도는 독일보다 더 높은 수준의 성찰과 노력이 필요하다. 이 책이 시공을 초월하여 모든 세대와 모든 민족에게 그런 성찰의 공유 기회로 다가서길 바란다.

김재한, 『DMZ평화답사』, 오름, 2006.

김재한, "분단국체제 이탈자 문제와 비무장지대," 『통일전략』, 제6권 제1호, 2006.

김재한, "DMZ 연구의 오해와 논제," 『통일문제연구』, 제23권 제2호, 2011.

김재한, "독일 분단선과 한반도 DMZ," 『통일전략』, 제12권 제1호, 2012.

김재한, "통일독일 국경의 탈근대적 안정화" 『영토해양연구』, vol.3, 2012.

김재한, 『한국과 독일, 분단과 통일 이야기』, 통일부, 2012.

김재한, "인접국 갈등과 협력의 기승전결(상)" 『영토해양연구』, vol.5, 2013.

김재한, "인접국 갈등과 협력의 기승전결(하)" 『영토해양연구』, vol.6, 2013.

Chae-Han Kim(ed), The Korean DMZ, Sowha, 2001.

찾아 보기